AIの世界へようこそ

未来を変えるあなたへ

美馬のゆり

はじめに

あなたは今《いま》、新《あら》たな時代《じだい》の入《い》り口《ぐち》に立《た》っています。

その象徴《しょうちょう》ともいえるのが、ChatGPT《チャットジーピーティー》の登場《とうじょう》です。まるで人間《にんげん》と話《はな》しているかのように文字《もじ》で会話《かいわ》できるこのサービスは、多《おお》くの人々《ひとびと》に驚《おどろ》きを与《あた》えました。AI《エーアイ》が人《にん》間《げん》と肩《かた》を並《なら》べるほどの能力《のうりょく》を持《も》ち始《はじ》めていることから、「インターネットの発明《はつめい》を超《こ》える影響《えいきょう》を与《あた》えるかもしれない」と予測《よそく》する研究者《けんきゅうしゃ》もいます。世界中《せかいじゅう》の国《くに》や研究機関《けんきゅうきかん》、企業《きぎょう》が、AIの動向《どうこう》に注目《ちゅうもく》しています。今《いま》はまさに、AI時代《じだい》の始《はじ》まりといえるでしょう。

AIの進化《しんか》に期待《きたい》が高《たか》まる中《なか》、不安《ふあん》の声《こえ》もあります。例《たと》えば、2015年頃《ねんごろ》から、「AIによって仕事《しごと》が奪《うば》われるのではないか?」という話題《わだい》がたびたび出《で》ています。この問題《もんだい》について、研究者《けんきゅうしゃ》たちの意見《いけん》は分《わ》かれています。ある研究者《けんきゅうしゃ》は「そんなことはありえない」と否定的《ひていてき》な見解《けんかい》を示《しめ》す一方《いっぽう》、「仕事《しごと》が奪《うば》われる可能性《かのうせい》がある」と危機《きき》感《かん》を抱《いだ》く研究者《けんきゅうしゃ》もいます。AIの未来《みらい》は、最前線《さいぜんせん》の研究者《けんきゅうしゃ》でさえ断言《だんげん》することはできません。

しかし、忘《わす》れてはいけないのは、ＡＩを進化《しんか》させ、新《あたら》しいサービスを生《う》み出《だ》すのも、ＡＩの使《つか》い方《かた》にルールを設《もう》けるのも、私《わたし》たち人間《にんげん》だということです。私《わたし》たちがどんな未来《みらい》を望《のぞ》み、どんな行動《こうどう》をするか次第《しだい》で、未来《みらい》はどのようにも変《か》わります。

さあ、あなたはどんな未来《みらい》を望《のぞ》みますか？

いきなりそう言《い》われても、きっと困《こま》ってしまいますよね。この本《ほん》では、ＡＩのしくみやリスク、そしてＡＩが私《わたし》たちに与《あた》える影響《えいきょう》を、図解《ずかい》を交《まじ》えて説明《せつめい》しています。未《み》来《らい》のことは誰《だれ》にもわからないからこそ、「ＡＩに人間《にんげん》の仕事《しごと》は奪《うば》われる」、「１００年《ねん》後《ご》にはこんな未来《みらい》になる」と断言《だんげん》はしていません。その代《か》わりに、未来《みらい》が不確《ふたし》かだからこそ私《わたし》たちが考《かんが》え続《つづ》けなければいけない大切《たいせつ》なことを紹介《しょうかい》しています。この本《ほん》を読《よ》みながら、あなただったらＡＩをどのように使《つか》うか、そして、どんな未来《みらい》をつくりたいか、じっくり考《かんが》えてみてください。

ＡＩ時代《じだい》を生《い》きるのは、他《ほか》でもないあなた自身《じしん》です。

2024年《ねん》夏《なつ》　美馬《みま》のゆり

衝撃《しょうげき》!

文章《ぶんしょう》も画像《がぞう》もAI《エーアイ》がつくる!?

Google《グーグル》社《しゃ》のAI「Gemini《ジェミニ》」が生成《せいせい》した画像《がぞう》

◆サハラ砂漠《さばく》にいる、麦《むぎ》わら帽子《ぼうし》とネオンサングラスを身《み》につけたライオン。(A lion wearing a straw hat and neon sunglasses in the Sahara desert.)

2022年《ねん》の夏《なつ》、世界《せかい》は新《あら》たなAI(人工知能《じんこうちのう》)サービスの誕生《たんじょう》に驚《おどろ》きました。いくつかの単語《たんご》を送信《そうしん》するだけで、AIを搭載《とうさい》したアプリが、本物《ほんもの》そっくりの写真《しゃしん》やイラストを生成《せいせい》してくれるようになったのです。そして、私《わたし》たちの質問《しつもん》に自然《しぜん》な言葉《ことば》で答《こた》える「ChatGPT《チャットジーピーティー》」も登場《とうじょう》し、その革新性《かくしんせい》に世界《せかい》が夢中《むちゅう》になりました。AI技術《ぎじゅつ》は今《いま》も進歩《しんぽ》を続《つづ》け、日《ひ》に日《ひ》に可能性《かのうせい》を広《ひろ》げています。

そもそもAIとはどんなものでしょうか? この本《ほん》の第《だい》1章《しょう》では、AIの基本《きほん》的《てき》なしくみと活用例《かつようれい》、未来《みらい》の可能性《かのうせい》をやさしい図解《ずかい》と文章《ぶんしょう》で説明《せつめい》します。

AI技術《ぎじゅつ》そのものは、実《じつ》をいうと特別《とくべつ》新《あたら》しいものではありません。20世紀《せいき》の半《なか》

◆右《みぎ》:ガラスでできた透明《とうめい》なアヒル(A transparent glass duck.)

◆左《ひだり》:図書館《としょかん》でAIに関《かん》する絵本《えほん》を読《よ》む子《こ》ども。その図書館《としょかん》はお菓子《かし》でできている。(A child reading a picture book about AI in a candy-themed library.)

OpenAI《オープンエーアイ》社《しゃ》のAI「DALL-E《ダリ》」が生成《せいせい》した画像《がぞう》

この文章《ぶんしょう》は、ChatGPT《チャット ジーピーティー》の無料版《むりょうばん》であるGPT《ジーピーティー》-3.5を使《つか》って作《つく》られました。ChatGPT《チャット ジーピーティー》は質問内容《しつもんないよう》が同《おな》じでも、必《かなら》ずしも同《おな》じ文章《ぶんしょう》が回答《かいとう》されるとは限《かぎ》りません。

OpenAI《オープンエーアイ》社のAI「ChatGPT《チャット ジーピーティー》」が生成《せいせい》した文章《ぶんしょう》

今日は暑いね。

そうですね、夏の暑さが本格的になってきましたね。熱中症などにも気をつけないといけませんね。水分補給を忘れずにしてくださいね。

夏休みの宿題が終わらないよ。

夏休みの宿題、大変ですね！どんな宿題が特に難しいですか？お手伝いできることがあれば教えてください。

読書感想文を手伝って。

もちろんです！どんな本の読書感想文を書く予定ですか？本のタイトルや内容について教えていただけると、具体的なアドバイスができます。

ばから少《すこ》しずつ社会《しゃかい》で活躍《かつやく》の幅《はば》を広《ひろ》げてきました。AIがどのように進化《しんか》してきたのか、そして現代《げんだい》のAIが過去《かこ》のAIとどのように異《こと》なるのか、その話題《わだい》を第《だい》2章《しょう》では詳《くわ》しく紹介《しょうかい》していきます。さらには、プログラミングを実際《じっさい》に体験《たいけん》することで、より理解《りかい》を深《ふか》めることができます。

Scratch《スクラッチ》ゲームでAIを体験《たいけん》しよう！

Scratch《スクラッチ》ゲームを通《つう》じてAIの「学習《がくしゅう》」プロセスを体験《たいけん》してみませんか？　AIがどのようにして学《まな》ぶのか、その一例《いちれい》にふれることができます。

→ p48へGo《ゴー》！

毒《どく》にも薬《くすり》にもなる！

AIを正《ただ》しく理《り》解《かい》し
正《ただ》しく使《つか》おう

同《おな》じドローン×AIでも…

AI搭《とう》載《さい》のドローンを用《もち》いることで、太《たい》陽《よう》光《こう》発《はつ》電《でん》パネルなど生《せい》活《かつ》をサポートする施《し》設《せつ》の点《てん》検《けん》がよりスムーズになると期《き》待《たい》されています。

2024年《ねん》、AIを搭《とう》載《さい》したドローン兵《へい》器《き》の開《かい》発《はつ》競《きょう》争《そう》が一《いち》部《ぶ》の国《くに》で激《げき》化《か》しています。

君《きみ》の手《て》にかかっている！

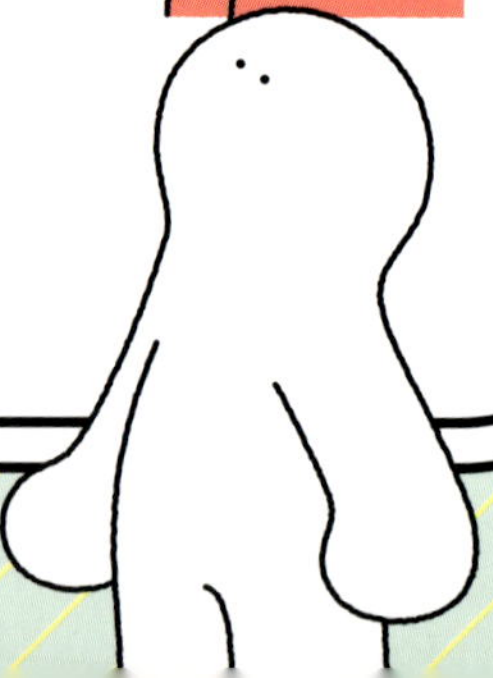

Ａ Ｉは社会《しゃかい》のさまざまな場面《ばめん》で活躍《かつやく》していますが、完璧《かんぺき》ではないため、時《とき》には間違《まちが》いを犯《おか》すこともあります。さらに、悪意《あくい》を持《も》って利用《りよう》される危険性《きけんせい》も存在《そんざい》します。ＡＩが善《ぜん》としても悪《あく》としても利用《りよう》されうる道具《どうぐ》であることを理解《りかい》し、正《ただ》しく使《つか》いこなすことが、私《わたし》たちには求《もと》められています。

第《だい》3章《しょう》では、ＡＩの便利《べんり》さだけでなく、そのしくみに由来《ゆらい》する問題点《もんだいてん》や課題《かだい》について深《ふか》く掘《ほ》り下《さ》げ、理解《りかい》を深《ふか》めます。

提供：KTVU/AP/アフロ

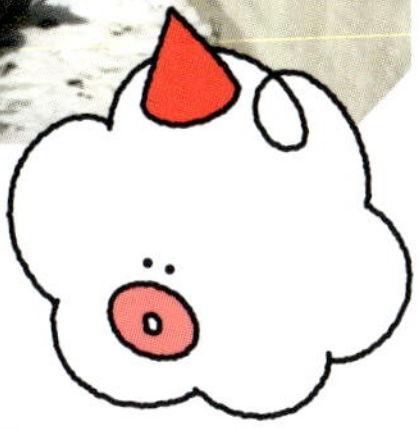

AＩによる自動運転車《じどううんてんしゃ》が起《お》こした事故《じこ》の責任《せきにん》は、誰《だれ》がとるのだろうか？

本物《ほんもの》のようなウソの写真《しゃしん》も簡単《かんたん》につくれるようになった。／AC《エーシー》ワークス株式会社《かぶしきがいしゃ》が「GAN《ガン》」という技術《ぎじゅつ》を使《つか》って作成《さくせい》したAI人物素材《じんぶつそざい》（ベータ版《ばん》）

AＩがつくった「実在《じつざい》しない人《ひと》の顔《かお》」の画像《がぞう》。

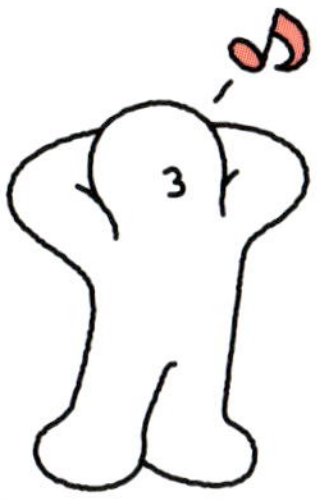

AＩが賢《かしこ》いからといって、宿題《しゅくだい》をすべてAＩに任《まか》せてもいいのだろうか。AＩの普及《ふきゅう》によって人間《にんげん》が失《うしな》うものは何《なん》だろうか。

AＩとともに生《い》きる未来《みらい》は

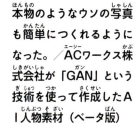

AIとどんな未来《みらい》を創造《そうぞう》できるか、想像《そうぞう》しよう！

答《こた》えはない。みんなで考《かんが》え続《つづ》けよう。

人間《にんげん》が想像《そうぞう》できることは、人間《にんげん》が必《かなら》ず創造《そうぞう》できる…？

1900年《ねん》パリ万博《ばんぱく》のポストカード。◆上図《じょうず》：教科書《きょうかしょ》の内容《ないよう》を直接脳《ちょくせつのう》に送《おく》る装置《そうち》で学習《がくしゅう》する生徒《せいと》たち。◆下図《かず》：海中《かいちゅう》のレースを楽《たの》しむ人《ひと》たち。

火《ひ》の発見《はっけん》が人類《じんるい》の進歩《しんぽ》を加速《かそく》させたように、ＡＩも私《わたし》たちの生活《せいかつ》を大《おお》きく変《か》える可能性《かのうせい》を秘《ひ》めています。火《ひ》の利用《りよう》は、暮《く》らしを豊《ゆた》かにした一方《いっぽう》で、火事《かじ》というリスク（危険性《きけんせい》）を生《う》み出《だ》しました。それでも私《わたし》たちは注意《ちゅうい》を払《はら》いながら火《ひ》を利用《りよう》し続《つづ》けています。同《おな》じように、ＡＩの利用《りよう》にも注意《ちゅうい》が必要《ひつよう》です。今《いま》、私《わたし》たちにはＡＩとの上手《じょうず》な付《つ》き合《あ》い方《かた》を見《み》つけることが求《もと》められています。

国連《こくれん》が掲《かか》げた持続《じぞく》可能《かのう》な開発目標《かいはつもくひょう》（SDGs《エスディージーズ》）。2030年《ねん》を見《み》すえて取《と》り組《く》むべき17の目標《もくひょう》を提唱《ていしょう》しています。ＡＩを上手《じょうず》に活用《かつよう》することで、これらの目標達成《もくひょうたっせい》に貢献《こうけん》できる可能性《かのうせい》があります。

第《だい》4章《しょう》では、ＡＩの活用《かつよう》にあたり考慮《こうりょ》すべき点《てん》とその対処法《たいしょほう》を紹介《しょうかい》しますが、これはあくまで一《ひと》つの考《かんが》え方《かた》にすぎません。多様《たよう》な背景《はいけい》を持《も》つ人《ひと》と話《はな》し合《あ》い、ＡＩと生《い》きる、よりよい未来《みらい》を考《かんが》え続《つづ》けることが大切《たいせつ》です。そのため、第《だい》5章《しょう》にワークシートを用意《ようい》しました。

この本《ほん》を通《とお》して、ＡＩについて知《し》り、ゲームを通《とお》して学《まな》び、みんなと話《はな》し合《あ》うことで、ＡＩの時代《じだい》をどう生《い》きるのか、自分《じぶん》なりの答《こた》えを探《さが》してみてください。

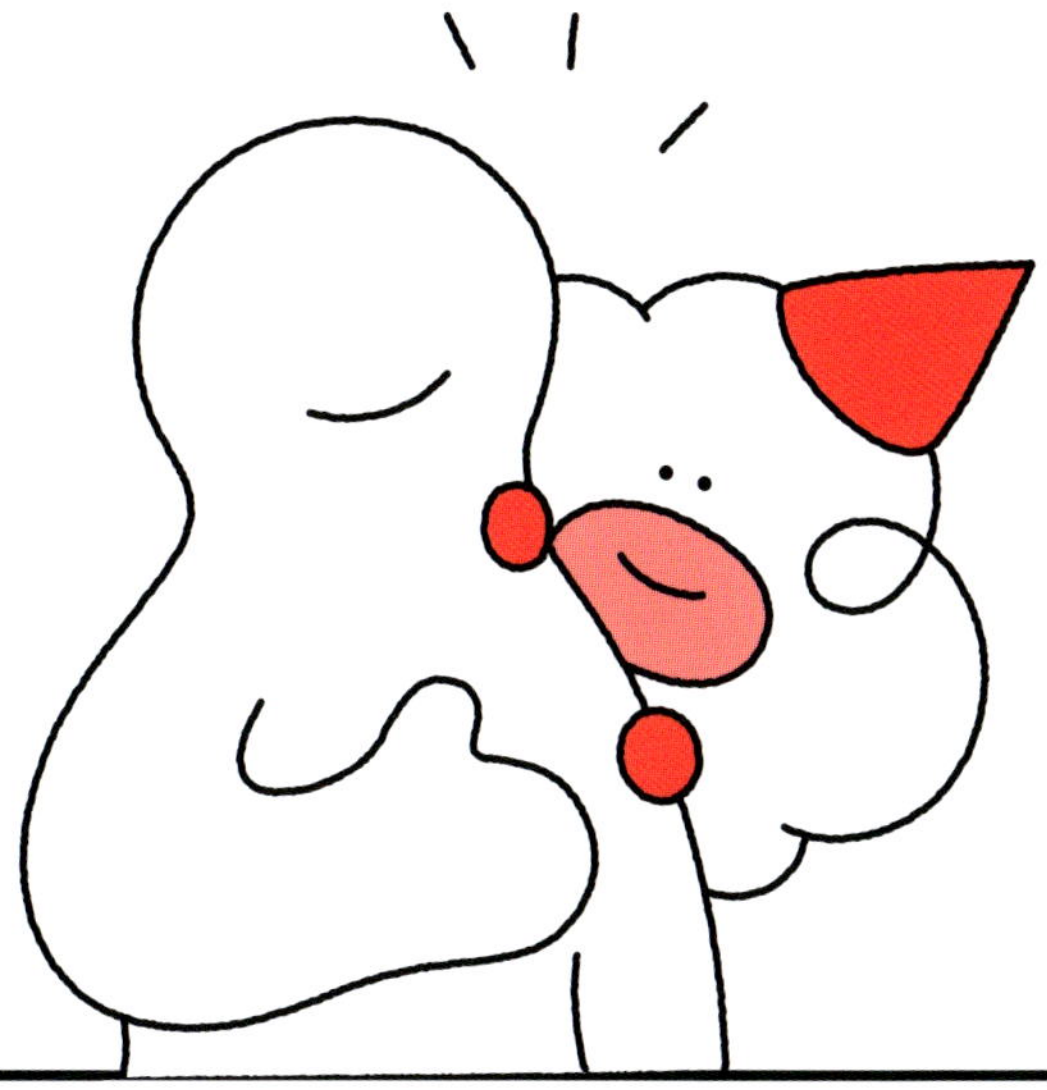

もくじ

第1章 AIの時《じ》代《だい》がやってきた 013

第2章 AIの歴《れき》史《し》を知《し》ろう 035

第1章

AIの時《じ》代《だい》が
やってきた

01 A《エー》I《アイ》ってどんなもの？

ＡＩとは、人工的《じんこうてき》につくられた知能《ちのう》のこと

ＡＩは英語《えいご》の「Artificial Intelligence：アーティフィシャル・インテリジェンス」の頭文字《かしらもじ》を取《と》った言葉《ことば》で、**日本語《ご》で「人工知能《じんこうちのう》」と訳《やく》されます。**人工的《じんこうてき》につくられた知能《ちのう》、つまり**人間《にんげん》が持《も》っている知的《ちてき》なふるまいの一部《いちぶ》をコンピュータで実現《じつげん》した技術《ぎじゅつ》**のことです。でも、こう書《か》かれると「知能《ちのう》」っていったい何《なん》なのだろうという疑問《ぎもん》がわいてきますよね。

知能《ちのう》とは「頭《あたま》の良《よ》さ」のことでしょうか？　学校《がっこう》で教《おそ》わった言葉《ことば》を覚《おぼ》えたり、素早《すばや》く計算《けいさん》したり、考《かんが》えたことを上手《じょうず》に説明《せつめい》したりする力《ちから》は「知能《ちのう》」といえます。それだけでなく、他人《たにん》の気持《きも》ちを上手《じょうず》にくみ取《と》る、メロディを聞《き》いただけで音符《おんぷ》を書《か》き出《だ》せるといった力《ちから》も「知能《ちのう》」だと考《かんが》えることができます。

知能《ちのう》とは何《なに》か。それは専門家《せんもんか》でも一《ひと》つの答《こた》えに定《さだ》められない難問《なんもん》です。知能《ちのう》の

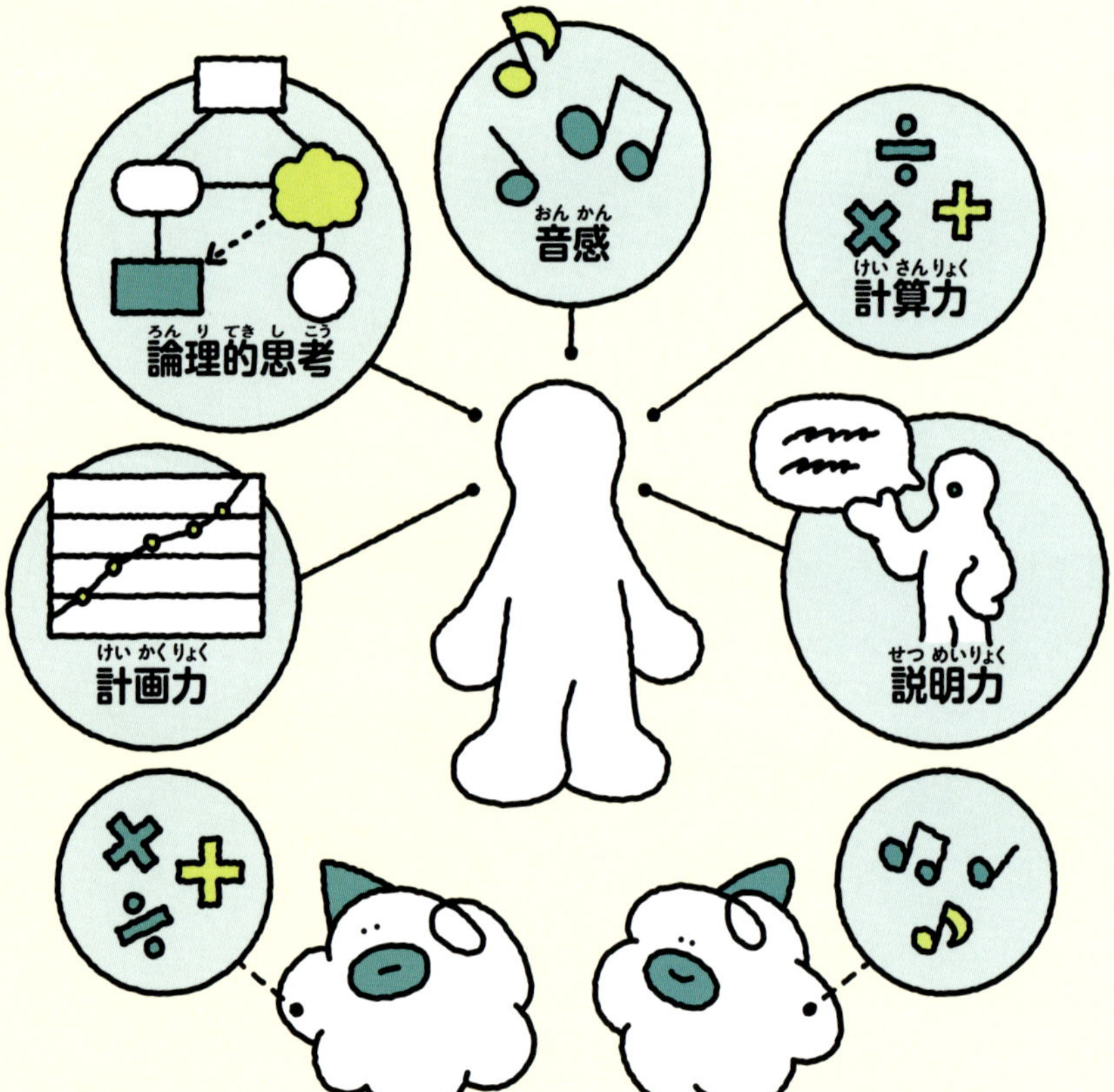

ＡＩとは

ＡＩは人間《にんげん》が持《も》っている知的《ちてき》なふるまいの一部《いちぶ》をコンピュータで実現《じつげん》した技術《ぎじゅつ》です。知能《ちのう》とは、複数《ふくすう》の能力《のうりょく》を合《あ》わせた総合的《そうごうてき》な能力《のうりょく》であり、厳密《げんみつ》な定義《ていぎ》は難《むずか》しいものです。ただし、個別《こべつ》の能力《のうりょく》に限《かぎ》れば、ＡＩでも実現《じつげん》できるものがあります。

正体《しょうたい》を探《さぐ》ろうとする研究《けんきゅう》がAIを生《う》み出《だ》してきたともいえます。その探究《たんきゅう》の歴史《れきし》は第《だい》2章《しょう》でふれていきます。

AIはコンピュータプログラムの一《ひと》つ

AIは、人間《にんげん》が持《も》っている知的《ちてき》なふるまいの一部《いちぶ》をコンピュータで実現《じつげん》した技《ぎ》術《じゅつ》であると説明《せつめい》しました。すべてのコンピュータはプログラムに従《したが》って動《うご》いています。この本《ほん》を読《よ》んでいるあなたも、学《がっ》校《こう》の授業《じゅぎょう》などでプログラムにふれる機会《きかい》があるでしょう。プログラムとは、コンピュータにやらせたい操作《そうさ》を記《しる》した命令《めいれい》の集《あつ》まりです。つまり、**AIは人間《にんげん》のように賢《かしこ》いことをコンピュータにやってもらうための、たくさんの命令《めいれい》の集《あつ》まりなのです。**

コンピュータはプログラムによって動《うご》く

コンピュータを動《うご》かすには、プログラムが必要《ひつよう》です。プログラムを作成《さくせい》する際《さい》には、プログラミング言語《げんご》が使《つか》われます。アルゴリズムは特定《とくてい》の問題《もんだい》を解決《かいけつ》するための手順《てじゅん》で、料理《りょうり》のレシピにたとえられます。プログラマはアルゴリズムをプログラミング言語《げんご》で記述《きじゅつ》し、その手順《てじゅん》に従《したが》ってコンピュータが動作《どうさ》するようにします。

コンピュータ
OK!
わかりました
プログラムを実行《じっこう》して動作《どうさ》する。

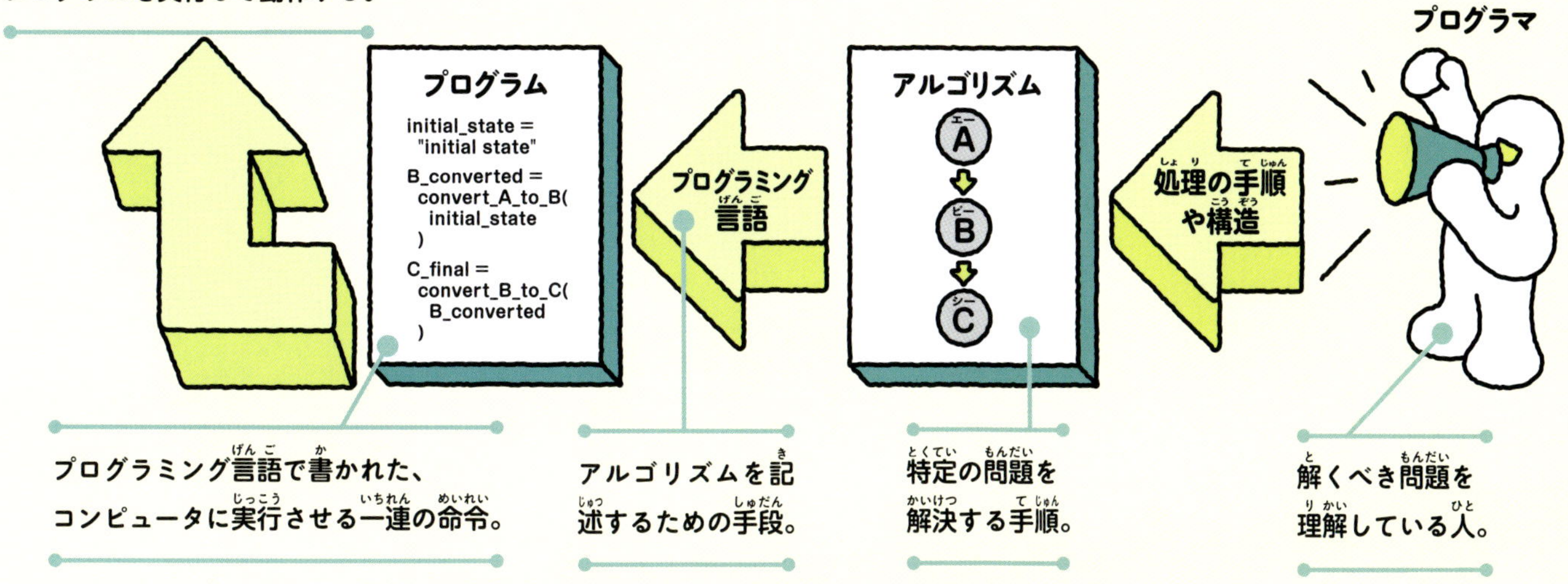
プログラマ
処理《しょり》の手順《てじゅん》や構造《こうぞう》
アルゴリズム
A《エー》
B《ビー》
C《シー》
プログラミング言語《げんご》
プログラム
initial_state = "initial state"
B_converted = convert_A_to_B(initial_state)
C_final = convert_B_to_C(B_converted)
プログラミング言語《げんご》で書《か》かれた、コンピュータに実行《じっこう》させる一連《いちれん》の命令《めいれい》。
アルゴリズムを記《き》述《じゅつ》するための手段《しゅだん》。
特定《とくてい》の問題《もんだい》を解決《かいけつ》する手順《てじゅん》。
解《と》くべき問題《もんだい》を理解《りかい》している人《ひと》。

AIとロボット

AIは人間《にんげん》の「脳《のう》」に、ロボットは動《うご》く「体《からだ》」に相当《そうとう》します。

ロボット　AI

AI＝ロボットではない！

ＡＩ（人工知能《じんこうちのう》）と聞《き》くと、何《なん》でも知《し》っている、何《なん》でもできる、ドラえもんのようなものを想像《そうぞう》する人《ひと》もいるかもしれません。ここで一《ひと》つ注意《ちゅうい》すべきことは、「ＡＩ＝ロボット」ではないということです。

ＡＩは目《め》に見《み》えないプログラムで、人間《にんげん》の脳《のう》のように働《はたら》きます。一方《いっぽう》で、ロボットは、実際《じっさい》に動《うご》いたり、物《もの》を持《も》ち上《あ》げたり、移動《いどう》したりする機械《きかい》を指《さ》します。ロボットは目《め》に見《み》えて、触《さわ》ることができる実体《じったい》を持《も》っています。

つまり、**ＡＩは人間《にんげん》の「脳《のう》」に相当《そうとう》し、ロボットは動《うご》く「体《からだ》」のようなものです。**

これら2つを混同《こんどう》しないようにしましょう。

万能《ばんのう》なAIはまだない！

ドラえもんのように、どんなことでもこなせる、人間《にんげん》と同等《どうとう》かそれ以上《いじょう》の能力《のうりょく》を持《も》つロボットの中《なか》に搭載《とうさい》されているＡＩを「汎用《はんよう》ＡＩ」と呼《よ》びます。しかし、人間《にんげん》と同《おな》じような知能《ちのう》を持《も》つＡＩ、つまり「ドラえもん」は、まだ現実《げんじつ》のものにはなっていません。

汎用《はんよう》ＡＩに対《たい》して、ある特定《とくてい》の分野《ぶんや》についてのみ、人間《にんげん》と同《おな》じようなことができるＡＩを「特化型《とっかがた》ＡＩ」といいます。例《たと》えば、ＡＩが搭載《とうさい》されたエアコンは、リモコンの操作《そうさ》から、その人《ひと》がどんな室《しつ》温《おん》や湿度《しつど》を快適《かいてき》に感《かん》じるかを学習《がくしゅう》し、自《じ》動的《どうてき》に室温《しつおん》・湿度《しつど》を調節《ちょうせつ》します。このＡＩは、室温《しつおん》や湿度《しつど》を測定《そくてい》して、快適《かいてき》な状《じょう》態《たい》になるまで調節《ちょうせつ》する、という特定《とくてい》の機《き》能《のう》だけを持《も》ったＡＩだといえます。これが特化型《とっかがた》ＡＩです。

このように、現在《げんざい》のＡＩが再現《さいげん》できるのはあくまでも人間《にんげん》の「知能《ちのう》の一部《いちぶ》」に過《す》ぎません。ＡＩの研究者《けんきゅうしゃ》たちの中《なか》には、汎用《はんよう》ＡＩをつくることを目指《めざ》している人《ひと》もいますが、まだ実現《じつげん》できてはいないのです。

特化型《とっかがた》AI

特定《とくてい》の分野《ぶんや》についてのみ、人間《にんげん》と同《おな》じようなこと、あるいはそれ以上《いじょう》のことができるAI。

汎用《はんよう》AI

どんなことでも、人間《にんげん》と同《おな》じようなことができるAI。

強《つよ》いAIと弱《よわ》いAI

「汎用《はんよう》AI／特化型《とっかがた》AI」のほかに、「強《つよ》いAI／弱《よわ》いAI」という分類《ぶんるい》もあります。

これは、AIが人間《にんげん》のように心《こころ》や意思《いし》を持《も》っているか（あるいは、心《こころ》や意思《いし》を持《も》っているようにふるまうことができるか）、そうでないか、という分類《ぶんるい》です。人間《にんげん》と同《おな》じように泣《な》いたり笑《わら》ったりするドラえもんは強《つよ》いAIだといえるでしょう。一方《いっぽう》、エアコンに搭載《とうさい》されたAIやチェスの問題《もんだい》を解《と》くAIは、人間《にんげん》のようにふるまう機能《きのう》はないので、弱《よわ》いAIだといえます。汎用《はんよう》AIと同《おな》じく、強《つよ》いAIはまだ実現《じつげん》しておらず、実現《じつげん》に向《む》けて研究《けんきゅう》が続《つづ》けられています。

AIにもさまざまな種類《しゅるい》がある

万能《ばんのう》なAIはまだありませんが、AI研究《けんきゅう》の進歩《しんぽ》に伴《ともな》い、AIができることはどんどん増《ふ》えています。東京大学《とうきょうだいがく》の松尾《まつお》豊教授《ゆたかきょうじゅ》は、**AIを大《おお》きく4つのレベルに分類《ぶんるい》しています。**

レベル1は、単純《たんじゅん》な制御《せいぎょ》プログラムをAIと呼《よ》んでいるようなものです。例《たと》えば、通常《つうじょう》のエアコンのように、センサーで温度《おんど》を感知《かんち》して自動《じどう》で温度《おんど》や風量《ふうりょう》を調節《ちょうせつ》するようなものは、レベル1のAIだといえます。

レベル2は、レベル1のような単純《たんじゅん》な制御《せいぎょ》プログラムを組《く》み合《あ》わせたものです。例《たと》えば、部屋《へや》の中《なか》の家具《かぐ》などの場所《ばしょ》をセンサーで感知《かんち》して、すみずみまで掃除《そうじ》できる掃除《そうじ》ロボットは、レベル2のAIで動《うご》いているといえます。複雑《ふくざつ》なふるまいをするように見《み》えますが、基本的《きほんてき》なしくみはレベル1と変《か》わりません。

レベル3とレベル4は、もっと高度《こうど》なしくみを利用《りよう》しています。それは**「学習《がくしゅう》（機械学習《きかいがくしゅう》）」**というしくみです。学習《がくしゅう》と

レベル1のAI

温度《おんど》
28℃
湿度《しつど》
50%
風向《かざむ》き
Pi

目的《もくてき》に合《あ》わせて機械《きかい》を自動《じどう》で動《うご》かすしくみ（制御《せいぎょ》プログラム）。

レベル2のAI

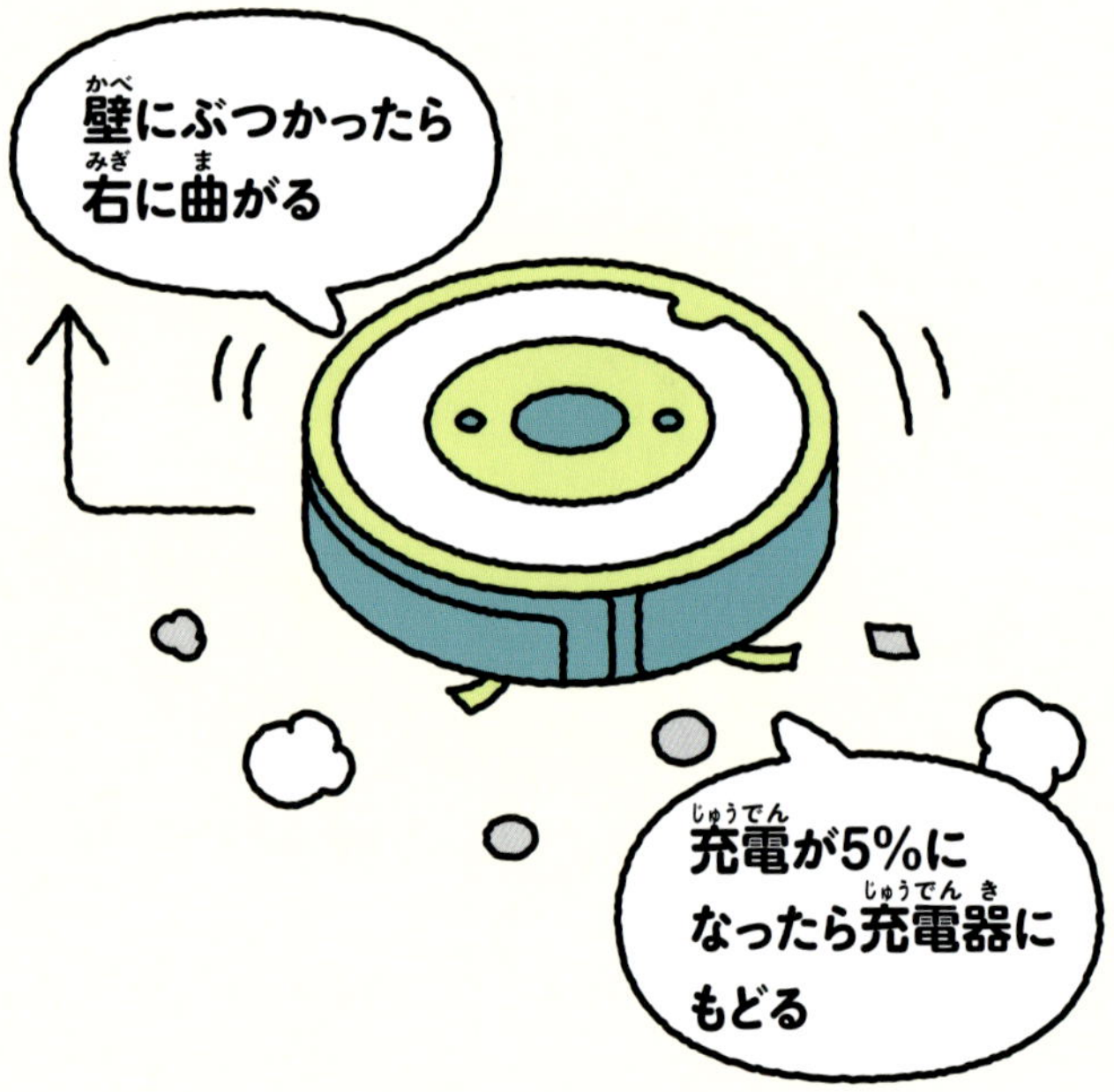
壁《かべ》にぶつかったら
右《みぎ》に曲《ま》がる
充電《じゅうでん》が5%に
なったら充電器《じゅうでんき》に
もどる

レベル1のAIをいくつか組《く》み合《あ》わせたもの。

は、**たくさんのデータを与《あた》えておくと、そのデータからパターンや傾向《けいこう》を学《まな》び、自《みずか》らの予測《よそく》や結果《けっか》を導《みちび》けるようになる、というものです。**近年注目《きんねんちゅうもく》を集《あつ》めているのは、レベル3やレベル4のAIです。特《とく》にレベル4のAIは、データからパターンや傾向《けいこう》を学《まな》ぶためのヒントすら、自《みずか》ら見《み》つけ出《だ》すことができます。

21世紀《せいき》に入《はい》り、AIは急速《きゅうそく》に進歩《しんぽ》しました。これは、AIの学習方法《がくしゅうほうほう》や、データから特徴《とくちょう》を探《さが》す方法《ほうほう》（AIにおけるアルゴリズム）が急速《きゅうそく》に進歩《しんぽ》したためです。**現在《げんざい》では、人間《にんげん》が用意《ようい》した特定《とくてい》の条件《じょうけん》の下《もと》であれば人間《にんげん》と同《おな》じように予測《よそく》や結果《けっか》を導《みちび》けるようになりました。**コンピュータの速《はや》さで人間《にんげん》と同《おな》じようなことをすることができるので、AIはさまざまな場面《ばめん》で役《やく》に立《た》っています。

ここからは、AIがたくさんのデータから学習《がくしゅう》するとはどういうことなのか、身近《みぢか》な例《れい》を用《もち》いて少《すこ》しくわしく見《み》ていきましょう。

レベル3のAI

たくさんのデータと、データからパターンや傾向《けいこう》を学《まな》ぶためのヒントを与《あた》えると、AI自身《じしん》がデータのパターンや傾向《けいこう》から判断《はんだん》ルールを決《き》める。
そのルールに従《したが》って、新《あたら》しいデータの入力《にゅうりょく》に対《たい》して出力《しゅつりょく》する。

レベル4のAI

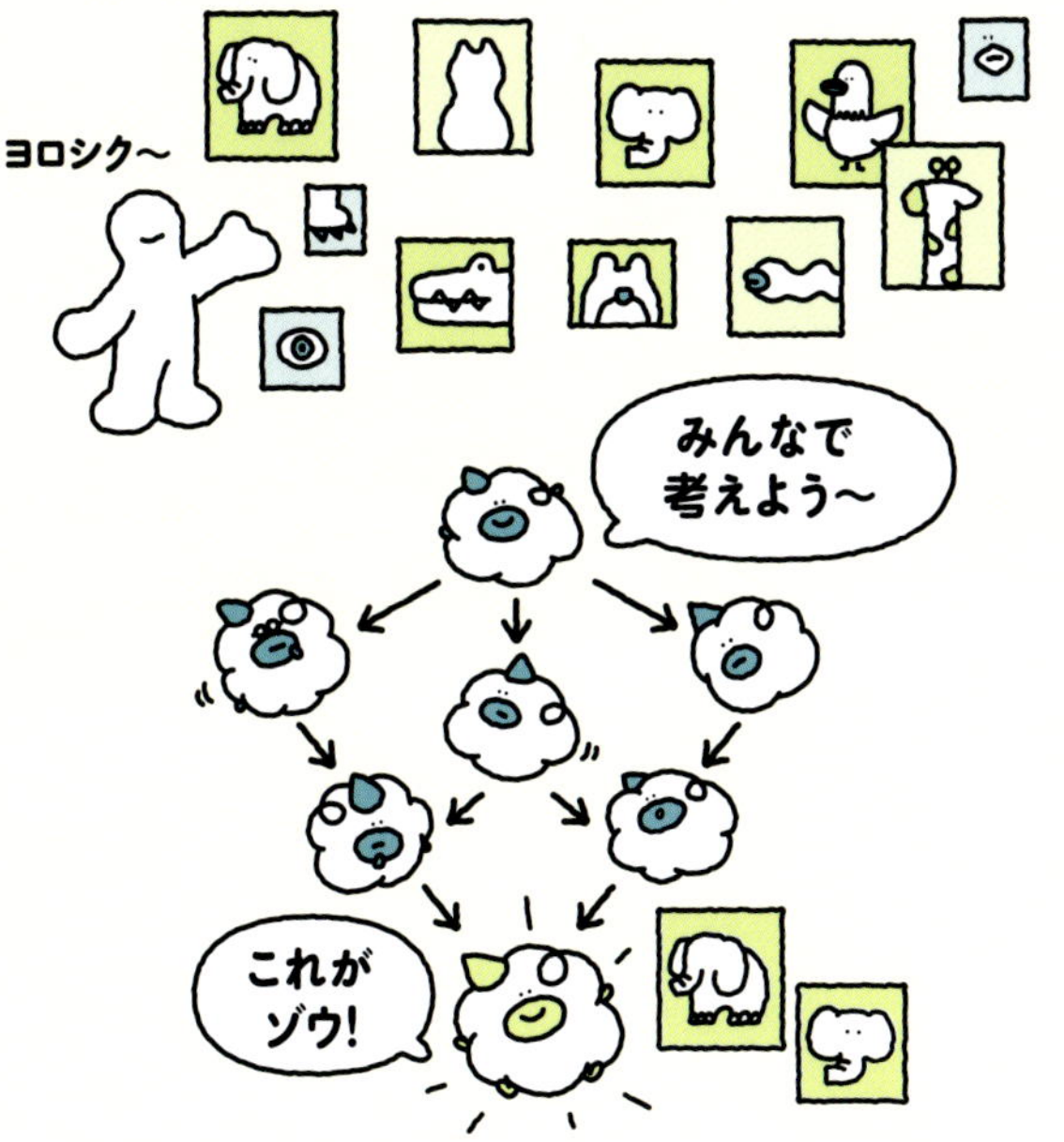

たくさんのデータを与《あた》えると、人間《にんげん》がヒントを与《あた》えなくてもAI自身《じしん》がデータのパターンや傾向《けいこう》から判断《はんだん》ルールを決《き》める。
そのルールに従《したが》って、新《あたら》しいデータの入力《にゅうりょく》に対《たい》して出力《しゅつりょく》する。

02 AIが「学習《がくしゅう》」するってどういうこと?

たくさんのデータからパターンや傾向《けいこう》を見《み》つけること

AIがたくさんのデータから共通《きょうつう》するパターンや傾向《けいこう》を学《まな》ぶ例《れい》を見《み》てみましょう。

身近《みぢか》な例《れい》は、ショッピングサイトなどで利用者《りようしゃ》におすすめを提案《ていあん》するAI（レコメンドエンジン）です。Amazon《アマゾン》などのショッピングサイトにログインすると「あなたへのおすすめ商品《しょうひん》」や「この商品《しょうひん》を購入《こうにゅう》した人《ひと》はこちらの商品《しょうひん》もチェックしています」といった案内《あんない》が表示《ひょうじ》されますよね。これがAIによるおすすめ機能《きのう》です。

この機能《きのう》も昔《むかし》はAIではなく人間《にんげん》がプログラムを書《か》いて指示《しじ》を出《だ》していました。性別《せいべつ》や年齢《ねんれい》などを参考《さんこう》に「この人《ひと》はこれが好《す》きだろう」とあらかじめ準備《じゅんび》した計《けい》算式《さんしき》（商品《しょうひん》を好《この》む確率《かくりつ》を表《あらわ》す式《しき》）を使《つか》っておすすめを決定《けってい》していたのです。

おすすめするAIのしくみ

利用者《りようしゃ》の好《この》みに合《あ》わせて商品《しょうひん》をおすすめするAIは、利用者《りようしゃ》の心《こころ》や好《この》みを理解《りかい》しているわけではなく、パターンとして買《か》いそうなものを探《さが》し出《だ》すしくみを持《も》っています。

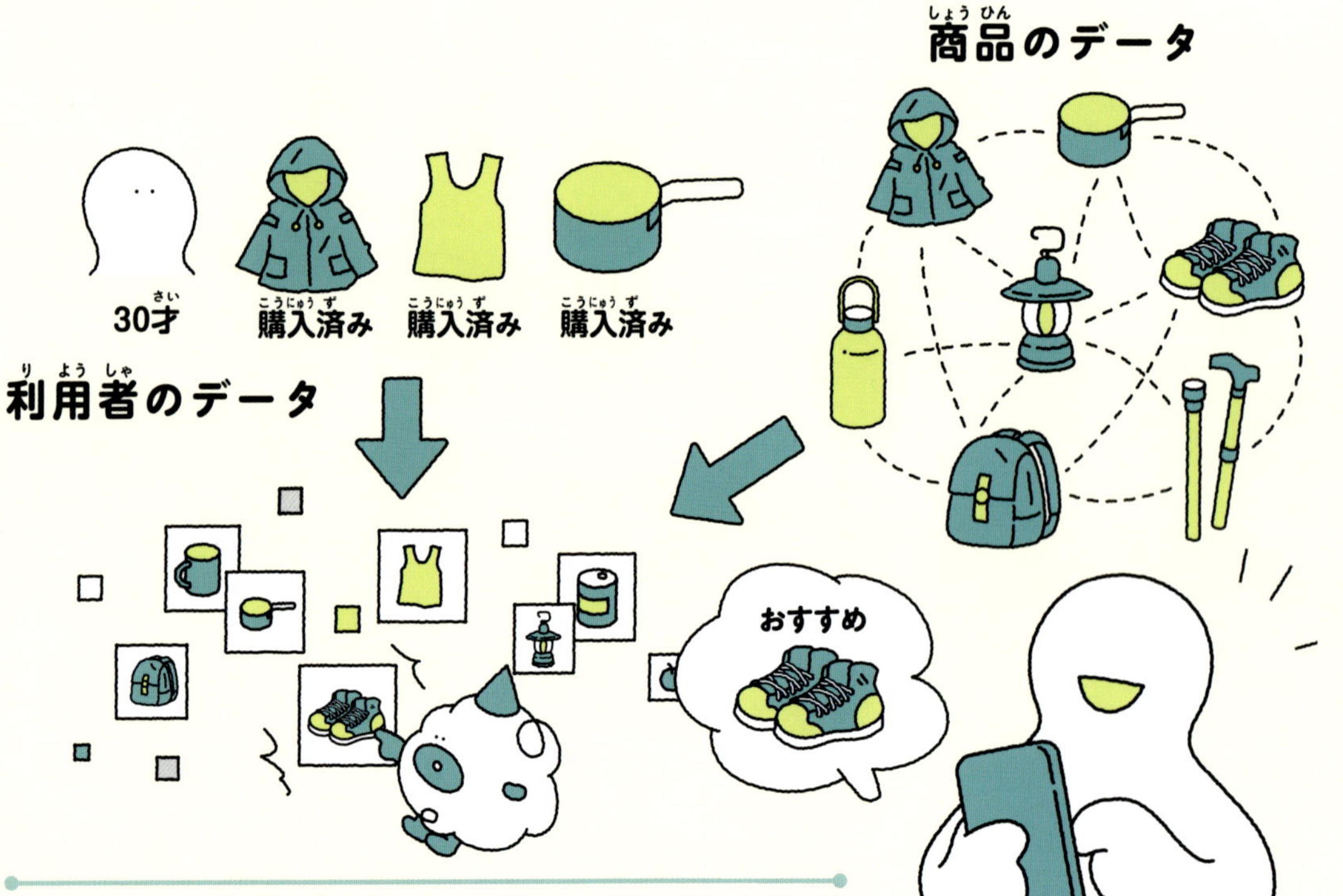
商品《しょうひん》のデータ
30才《さい》
購入済《こうにゅうず》み
購入済《こうにゅうず》み
購入済《こうにゅうず》み
利用者《りようしゃ》のデータ
おすすめ

AIは、さまざまな情報《じょうほう》を組《く》み合《あ》わせて、購入《こうにゅう》する確率《かくりつ》が高《たか》い商品《しょうひん》を探《さが》し出《だ》し、おすすめします。例《たと》えば、利用者《りようしゃ》の年齢《ねんれい》や性別《せいべつ》、過去《かこ》に買《か》ったものなどから、利用者《りようしゃ》が買《か》いそうなものを予測《よそく》したり、特定《とくてい》の趣味《しゅみ》や季節《きせつ》、流行《りゅうこう》などから、一緒《いっしょ》に買《か》われやすい商品《しょうひん》を予測《よそく》したりします。

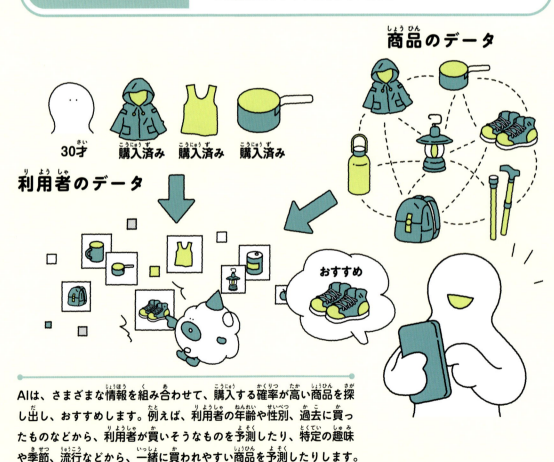

AIの場合《ばあい》には、利用者《りようしゃ》が過去《かこ》に買《か》ったもの、買《か》った時期《じき》や組《く》み合《あ》わせ、同《おな》じ商品《しょうひん》を好《この》むほかの利用者《りようしゃ》の買《か》い物《もの》など、膨大《ぼうだい》な情報《じょうほう》を分析《ぶんせき》して好《この》みを予測《よそく》しています。こうして、利用者《りようしゃ》に合《あ》ったものを提案《ていあん》しているのです。例《たと》えば、利用者《りようしゃ》が赤《あか》ちゃんのオムツを買《か》ったら、半年後《はんとしご》には少《すこ》し大《おお》きいサイズのオムツと、離乳食《りにゅうしょく》の本《ほん》をおすすめしてくるといった具合《ぐあい》です。

AIは、利用者《りようしゃ》の好《この》みや情報《じょうほう》が入力《にゅうりょく》されるたびに、それをもとに予測《よそく》を改善《かいぜん》していくしくみになっています。例《たと》えば、最初《さいしょ》は紅茶《こうちゃ》が好《す》きだった人《ひと》が、後《あと》になってコーヒーが好《す》きになることがありますよね。AIはそんな変化《へんか》にも対応《たいおう》できます。まるで、あなたの好《この》みや状況《じょうきょう》をよく知《し》っているお店《みせ》の店員《てんいん》さんのように、AIはあなたにぴったりのものを見《み》つけてくれるのです。

しかし、この素晴《すば》らしいおすすめAIが利用者《りようしゃ》の性格《せいかく》まで理解《りかい》しているかというと、答《こた》えは「いいえ」です。AIが行《おこな》っているのは、特定《とくてい》の状況下《じょうきょうか》で与《あた》えられたデータ（例《たと》えば、質問《しつもん》やリクエスト）に基《もと》づき、もっとも適切《てきせつ》なパターン（例《たと》えば、答《こた》えや反応《はんのう》）を選《えら》び出《だ》す作業《さぎょう》です。つまり、AIは質問《しつもん》に関連《かんれん》する答《こた》えを、人間《にんげん》と同《おな》じように考《かんが》えて選《えら》ぶわけではありません。実際《じっさい》には、事前《じぜん》に収集《しゅうしゅう》されたデータからパターンを見《み》つけ出《だ》し、それに対応《たいおう》する形《かたち》で答《こた》えを導《みちび》いています。

AIはたくさんのデータからパターンや傾向《けいこう》を見《み》つけて学《まな》びますが、**その結果《けっか》や判断《はんだん》は、人間《にんげん》が考《かんが》えるような「意味《いみ》」や「価値《かち》」を理解《りかい》しているわけではないのです。**

AIは言葉《ことば》を理解《りかい》している？

人間《にんげん》と自然《しぜん》な会話《かいわ》ができるAIは、言葉《ことば》を理解《りかい》していると言《い》えるのでしょうか？　こんな思考実験《しこうじっけん》があります。ある部屋《へや》で、中国語《ちゅうごくご》をまるで読《よ》めないイギリス人《じん》が仕事《しごと》をしています。この部屋《へや》の郵便入《ゆうびんい》れに、あなたが中国語《ちゅうごくご》の手紙《てがみ》を入《い》れます。イギリス人《じん》は手紙《てがみ》を読《よ》めませんが、幸《さいわ》いこの部屋《へや》には中国語《ちゅうごくご》⇆英語《えいご》の変換手順書《へんかんてじゅんしょ》があります。「この形《かたち》の文字《もじ》が並《なら》んだら、この形《かたち》の文字《もじ》を書《か》け」といった命令《めいれい》に従《したが》ってイギリス人《じん》は返事《へんじ》を書《か》き、外《そと》に手紙《てがみ》を出《だ》します。あなたはその返事《へんじ》を見《み》て、正《ただ》しい中国語《ちゅうごくご》でしっかりした返事《へんじ》が来《き》たことに感動《かんどう》しました。さて、部屋《へや》の中《なか》のイギリス人《じん》は中国語《ちゅうごくご》を理解《りかい》していると言《い》えるのでしょうか？

中国語《ちゅうごくご》の部屋《へや》

これは1980年《ねん》に哲学者《てつがくしゃ》ジョン・サールによって考《かんが》えられた思考実験《しこうじっけん》です。「理解《りかい》している」とはどのような状態《じょうたい》か、あなたはどう考《かんが》えますか？

スマートスピーカーのしくみ

スマートスピーカーは、声《こえ》で命令《めいれい》することで、好《この》みの音楽《おんがく》をかけたり、今日《きょう》の天《てん》気《き》を教《おし》えてくれたりする装置《そうち》です。

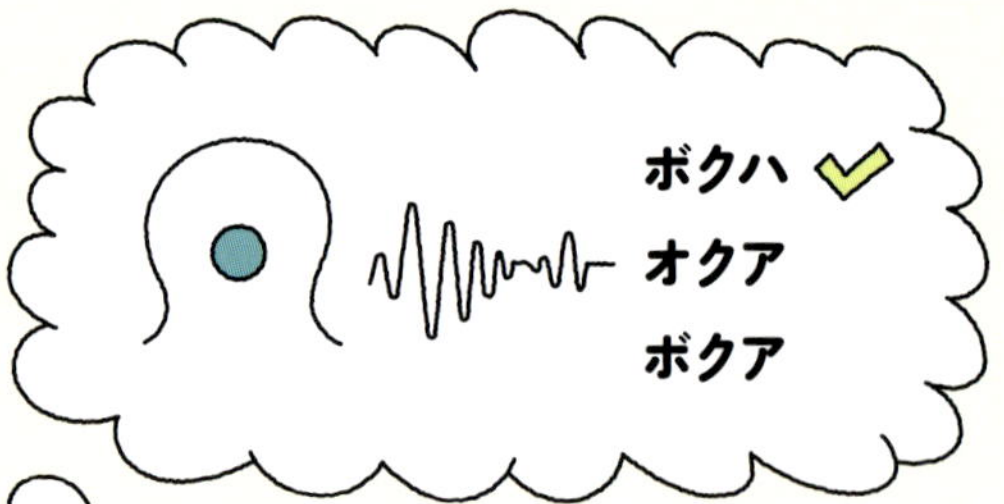

音《おと》から言葉《ことば》を認識《にんしき》

音《おと》の強弱《きょうじゃく》やリズムなどの特徴《とくちょう》を手《て》がかりに、話《はな》された言葉《ことば》をとらえます。

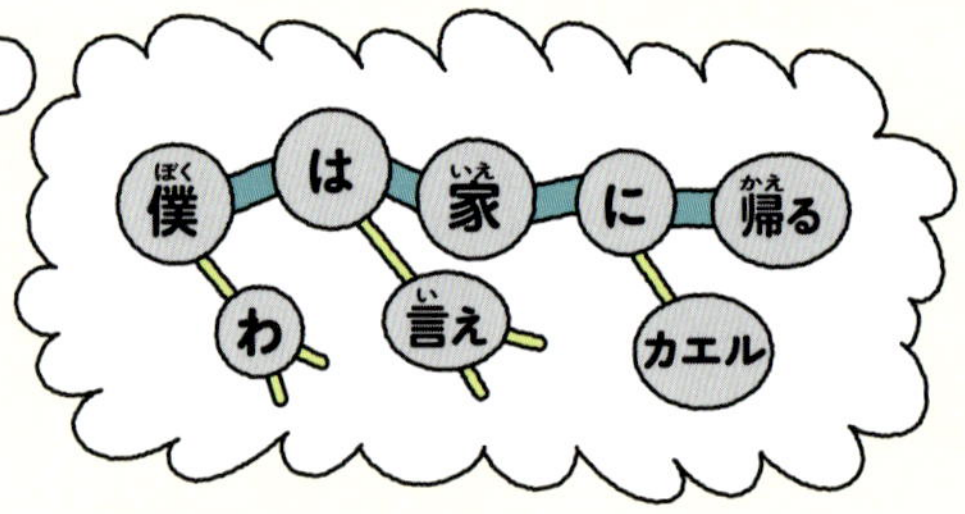

文脈《ぶんみゃく》から言葉《ことば》を認識《にんしき》

たくさんの会話《かいわ》データを参考《さんこう》に、AIが正《ただ》しそうな言葉《ことば》の組《く》み合《あ》わせを探《さが》します。

音声認識《おんせいにんしき》AIって？

人間《にんげん》が話《はな》したことを聞《き》き分《わ》け、それを文字《もじ》に変換《へんかん》する技術《ぎじゅつ》です。以前《いぜん》は間違《まちが》えることが多《おお》かったのですが、AIの進化《しんか》にともない、飛躍《ひやく》的《てき》に正確《せいかく》さが増《ま》しました。

AIを上手《じょうず》に使《つか》うとどんなことができる？

商品《しょうひん》をおすすめするAIは、ネット上《じょう》にある買《か》い物《もの》の記録《きろく》といったデータを上手《じょうず》に活用《かつよう》していましたね。ほかにどんなAIの使《つか》い方《かた》があるでしょうか。

例《たと》えば音声認識《おんせいにんしき》AIは、人《ひと》の声《こえ》をセンサー（マイク）で受《う》け取《と》り、話《はな》した内容《ないよう》を文字《もじ》に変《か》えることができる技術《ぎじゅつ》です。

人《ひと》が話《はな》した言葉《ことば》は、音《おと》、すなわち波《なみ》として空気中《くうきちゅう》を伝《つた》わり、マイクを通《とお》してデータになります。人《ひと》の話《はな》し言葉《ことば》は、同《おな》じ単語《たんご》でも音《おと》の高《たか》さやアクセントが変《か》わってしまうので、記録《きろく》される音《おと》の波形《はけい》はさまざまです。音声認識《おんせいにんしき》AIは、この波形《はけい》から、音《おと》の強弱《きょうじゃく》やリズムといった話《はな》し言《こと》葉《ば》の特徴《とくちょう》を探《さが》し、事前《じぜん》に学《まな》んだ見本《みほん》データと比較《ひかく》、分析《ぶんせき》します。

音《おと》の特徴《とくちょう》が分析《ぶんせき》できても、「貝《かい》・会《かい》・回《かい》」のように音《おと》が同《おな》じ単語《たんご》の場合《ばあい》は、話《はなし》の流《なが》れから正《ただ》しい単語《たんご》を選《えら》ばなくてはなりません。ここでもやはり、見本《みほん》データから文章《ぶんしょう》の流《なが》れを事前《じぜん》にたくさん学《まな》んでおいて、もっとも自然《しぜん》だ（確率《かくりつ》が高《たか》い）と思《おも》われる単語《たんご》を選《えら》びます。こうした動《どう》作《さ》を繰《く》り返《かえ》すことで、音声認識《おんせいにんしき》のAIは、

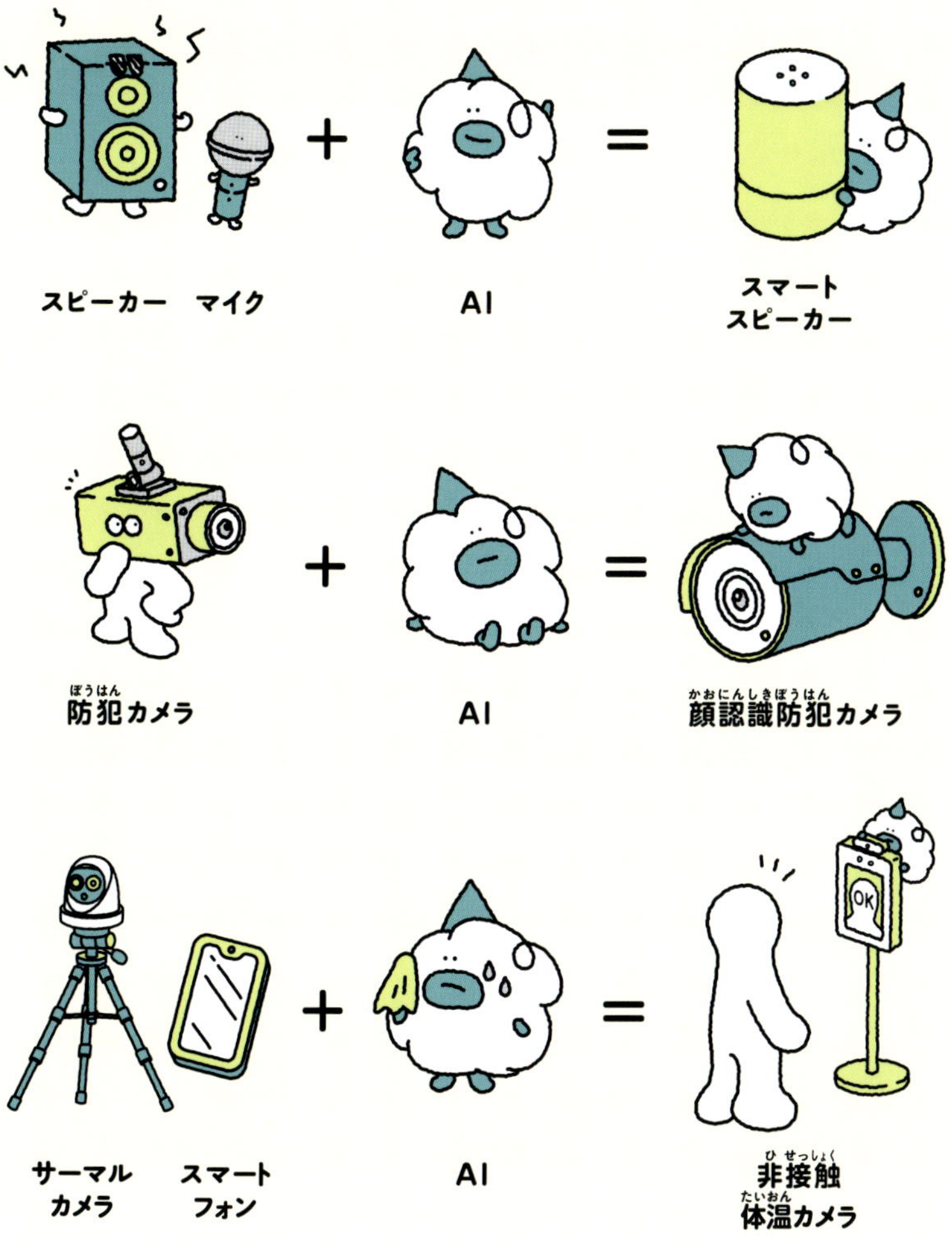
スピーカー
マイク
AI
スマートスピーカー
防犯《ぼうはん》カメラ
AI
顔認識防犯《かおにんしきぼうはん》カメラ
サーマルカメラ
スマートフォン
AI
非接触《ひせっしょく》体温《たいおん》カメラ
OK

センサーがAIと外界《がいかい》をつなぐ

AIはコンピュータプログラムなので、形《かたち》が見《み》えません。機械《きかい》が持《も》っているセンサーと組《く》み合《あ》わせ、外界《がいかい》の情報《じょうほう》をAIが利用《りよう》することで、さまざまな目的《もくてき》に役立《やくだ》つ道具《どうぐ》をつくることができます。

次々《つぎつぎ》とマイクに届《とど》く声《こえ》を文字《もじ》に変《か》えているのです。

　音《おと》の聞《き》き取《と》りも単語《たんご》の決定《けってい》も、人間《にんげん》のあいまいな音声《おんせい》からもっともらしい結果《けっか》を出《だ》すには、ＡＩが事前《じぜん》に行《おこな》っている学習《がくしゅう》がとても大切《たいせつ》です。21世紀《せいき》に「ディープラーニング（→説明《せつめい》はp44）」と呼《よ》ばれる学習方法《がくしゅうほうほう》が開発《かいはつ》されて以来《いらい》、音声認識《おんせいにんしき》の精度《せいど》や、そのほかさまざまなＡＩの精度《せいど》が大幅《おおはば》に良《よ》くなりました。私《わたし》たちに見《み》えないところで、ＡＩもたくさん学習《がくしゅう》しているんですね。

　ＡＩの特徴《とくちょう》は、たくさんのデータから学《まな》んで、パターンや傾向《けいこう》を見《み》つけることでした。音声認識《おんせいにんしき》ＡＩがマイクで外《そと》の情報《じょうほう》を得《え》たように、**マイクやカメラ、温度計《おんどけい》などのセンサーとＡＩを組《く》み合《あ》わせることで、現実世界《げんじつせかい》で活躍《かつやく》できるＡＩがどんどん生《う》まれています。**そして、こうしたＡＩはすでに、私《わたし》たちの暮《く》らしの中《なか》で役立《やくだ》っているのです。

　日々《ひび》の暮《く》らしとＡＩの関《かか》わりをもっと具体的《ぐたいてき》に知《し》るために、次《つぎ》から家庭《かてい》や社会《しゃかい》で利用《りよう》されているＡＩ技術《ぎじゅつ》を紹介《しょうかい》していきます。

03 AIの時代《じだい》はもう始《はじ》まっている！

身近《みぢか》で活躍《かつやく》しているAI

AIを使《つか》った技術《ぎじゅつ》は家庭《かてい》でもどんどん増《ふ》え、決《けっ》して珍《めずら》しいものではなくなってきています。

便利《べんり》な顔認証《かおにんしょう》

AIがスマートフォンの持《も》ち主《ぬし》の顔《かお》を記憶《きおく》・認識《にんしき》し、持《も》ち主《ぬし》がスマートフォンをかまえたときだけロックを解除《かいじょ》することができます。

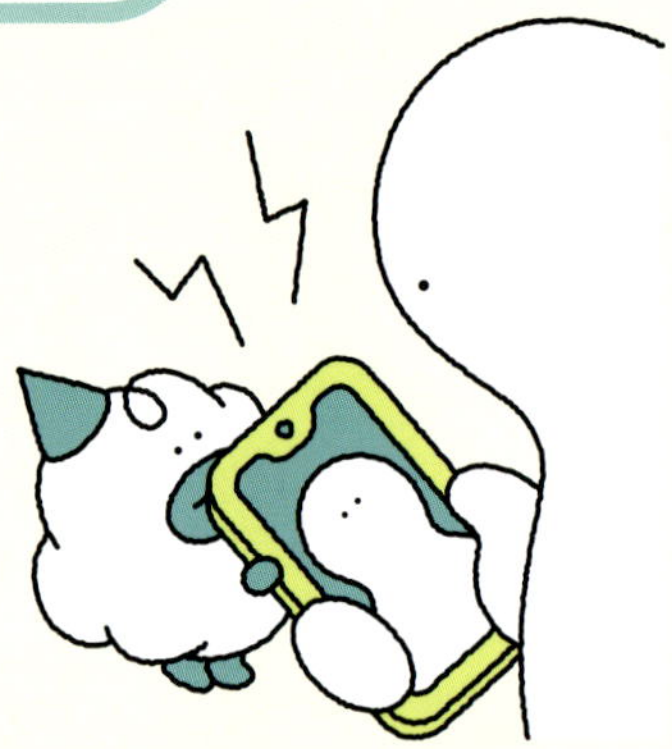

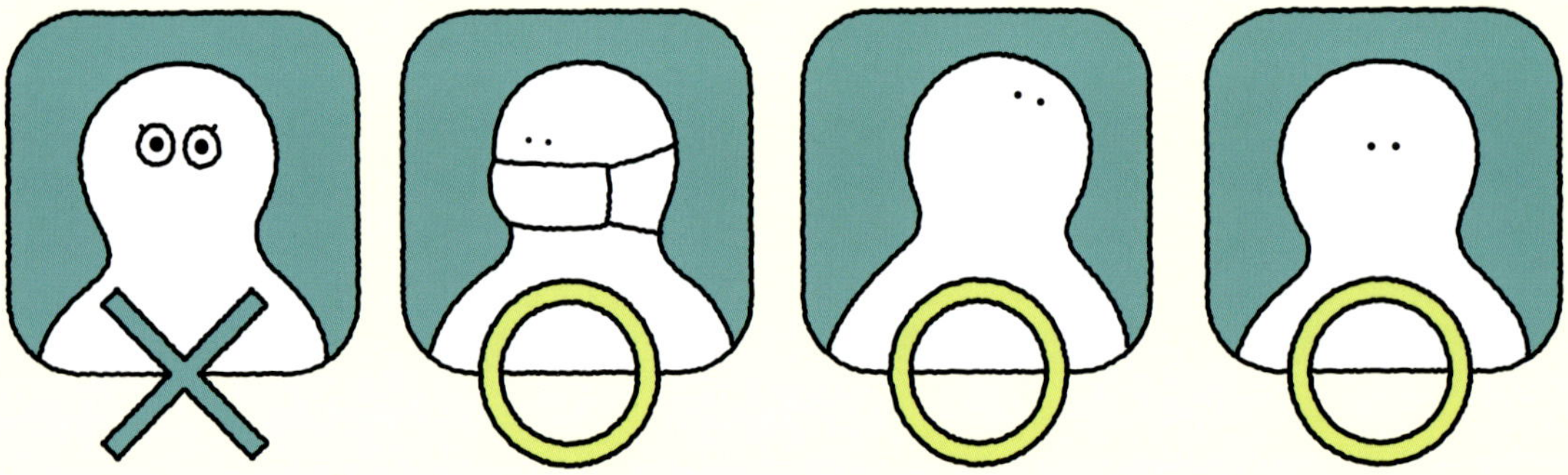

掃除《そうじ》ロボット

カメラや赤外線《せきがいせん》センサーなどと組《く》み合《あ》わせることにより、AIが部屋《へや》の形《かたち》や机《つくえ》や椅子《いす》の位置《いち》などを認識《にんしき》し、くまなく部屋《へや》を掃除《そうじ》することができます。

身近《みぢか》なところにAIはたくさんある

　現在《げんざい》の私《わたし》たちの生活《せいかつ》の中《なか》に、AIはすでに深《ふか》く入《はい》り込《こ》んで活躍《かつやく》しています。

　身近《みぢか》でわかりやすい代表例《だいひょうれい》は、p22で紹介《しょうかい》した音声認識《おんせいにんしき》の技術《ぎじゅつ》でしょう。スマートフォンやタブレットを使《つか》うのに、私《わたし》たちの声《こえ》で指示《しじ》を出《だ》したり調《しら》べものをしたりするのは、当《あ》たり前《まえ》のことになってきました。家庭用《かていよう》のスマートスピーカーのように、持《も》ち主《ぬし》の声《こえ》を認識《にんしき》してほかの人《ひと》の声《こえ》と区別《くべつ》する商品《しょうひん》もあります。

　スマートフォンのロックを解除《かいじょ》するとき、パスワードの文字《もじ》を入力《にゅうりょく》せず、自分《じぶん》の顔《かお》や指紋《しもん》で解除《かいじょ》できるのは画像認識《がぞうにんしき》のAIのおかげです。カメラに映《うつ》った顔《かお》の見《み》え方《かた》や、指紋《しもん》を押《お》しつける指《ゆび》の角度《かくど》などは、毎回変化《まいかいへんか》するはずですが、AIがその特徴《とくちょう》を学習《がくしゅう》し、見分《みわ》けることができます。

　AIを搭載《とうさい》した掃除《そうじ》ロボットは、移動《いどう》しながら部屋《へや》のレイアウトを記憶《きおく》し、たびたび動《うご》く椅子《いす》の位置《いち》さえも学習《がくしゅう》して、部屋《へや》のすみずみまで掃除《そうじ》することができます。

　デジタルゲームの中《なか》では、AIによって動作《どうさ》するプレイヤーがまるで人間《にんげん》のように複雑《ふくざつ》な作戦行動《さくせんこうどう》を取《と》り、敵《てき》としても味方《みかた》としても戦《たたか》いを盛《も》り上《あ》げてくれます。

　最近《さいきん》では、スマートフォンやスマートウォッチと連携《れんけい》して、デジタル世界《せかい》と現実《げんじつ》をつなぐサービスが増《ふ》えています。たとえば、AIが私《わたし》たちの食事《しょくじ》や運動《うんどう》を分析《ぶんせき》し、健康的《けんこうてき》な生活《せいかつ》をサポートしてくれる食事管理《しょくじかんり》アプリ。私《わたし》たちの眠《ねむ》りの深《ふか》さや質《しつ》を学《まな》び、快適《かいてき》な睡眠《すいみん》のためにアドバイスをしてくれる睡眠管理《すいみんかんり》アプリなど、いろいろあります。

　これまでに挙《あ》げた機能《きのう》をすべて併《あわ》せ持《も》つ「スマートホーム」といったしくみも考《かんが》えられています。朝起《あさお》きたら、眠《ねむ》りの質《しつ》と今日《きょう》の天気《てんき》を教《おし》えてくれる、冷蔵庫《れいぞうこ》に不足《ふそく》している食材《しょくざい》について購入《こうにゅう》すべきかどうか聞《き》いてくる……こんなふうに、**AIを活用《かつよう》して毎日《まいにち》をより便利《べんり》にしようと、さまざまな技術《ぎじゅつ》の開発《かいはつ》が今《いま》も続《つづ》けられています。**

スマートホームとは？

スマートホームとは、家《いえ》の中《なか》の電化製品《でんかせいひん》や照明《しょうめい》、エアコンなどをインターネットでつなげ、スマートフォンや音声《おんせい》で操作《そうさ》できるシステムです。これにより、家全体《いえぜんたい》が連携《れんけい》して動《うご》き、遠隔《えんかく》からでも家《いえ》の機器《きき》を簡単《かんたん》に管理《かんり》できるため、安全性《あんぜんせい》や快適《かいてき》さなど、生活《せいかつ》のあらゆる面《めん》をサポートします。

私《わたし》たちの社会《しゃかい》を支《ささ》えているAI

家庭《かてい》で活躍《かつやく》するAIに比《くら》べると、**社会《しゃかい》で活躍《かつやく》するAIは気《き》づきにくく、知《し》らず知《し》らずのうちに利用《りよう》しているものが多《おお》くあります。**

例《たと》えば、毎日使《まいにちつか》う電気《でんき》や水道《すいどう》ではどうでしょうか。電力需要《でんりょくじゅよう》に合《あ》わせた発電量《はつでんりょう》のコントロールや、電線《でんせん》や水道管《すいどうかん》のメンテナンス計画《けいかく》などでAIが活躍《かつやく》しています。停電《ていでん》や断水《だんすい》の発生《はっせい》を防《ふせ》ぐのに役立《やくだ》っているわけですね。

犯罪《はんざい》の防止《ぼうし》にもAIが力《ちから》を発揮《はっき》しています。銀行《ぎんこう》では毎日《まいにち》の膨大《ぼうだい》な取引《とりひき》データをAIが分析《ぶんせき》し、クレジットカードの悪用《あくよう》といった不正《ふせい》な取引《とりひき》を見《み》つけ出《だ》す役割《やくわり》を果《は》たしています。防犯《ぼうはん》カメラの映像《えいぞう》から不審《ふしん》な人物《じんぶつ》や車《くるま》を見《み》つけると、その相手《あいて》や警備員《けいびいん》に注意《ちゅうい》を促《うなが》すAIもあります。

人命《じんめい》を守《まも》るために活躍《かつやく》している例《れい》もあります。医療《いりょう》の分野《ぶんや》では、レントゲン写真《しゃしん》などを解析《かいせき》し、異常《いじょう》を発見《はっけん》するのを手助《てだす》けするAIが広《ひろ》く使《つか》われています。また防災技術《ぼうさいぎじゅつ》として使《つか》われるAIは、過去《かこ》の災害《さいがい》データから地震《じしん》や水害《すいがい》の発生《はっせい》パタ

不正《ふせい》を見《み》つけるAI

インターネット通販《つうはん》の普及《ふきゅう》とともにクレジットカードの利用者《りようしゃ》が増《ふ》え、その犯罪防止《はんざいぼうし》にAIが使《つか》われています。

社会《しゃかい》でも活躍《かつやく》しているAI

目《め》に見《み》えないけれど身近《みぢか》なところで活躍《かつやく》するAIがあります。

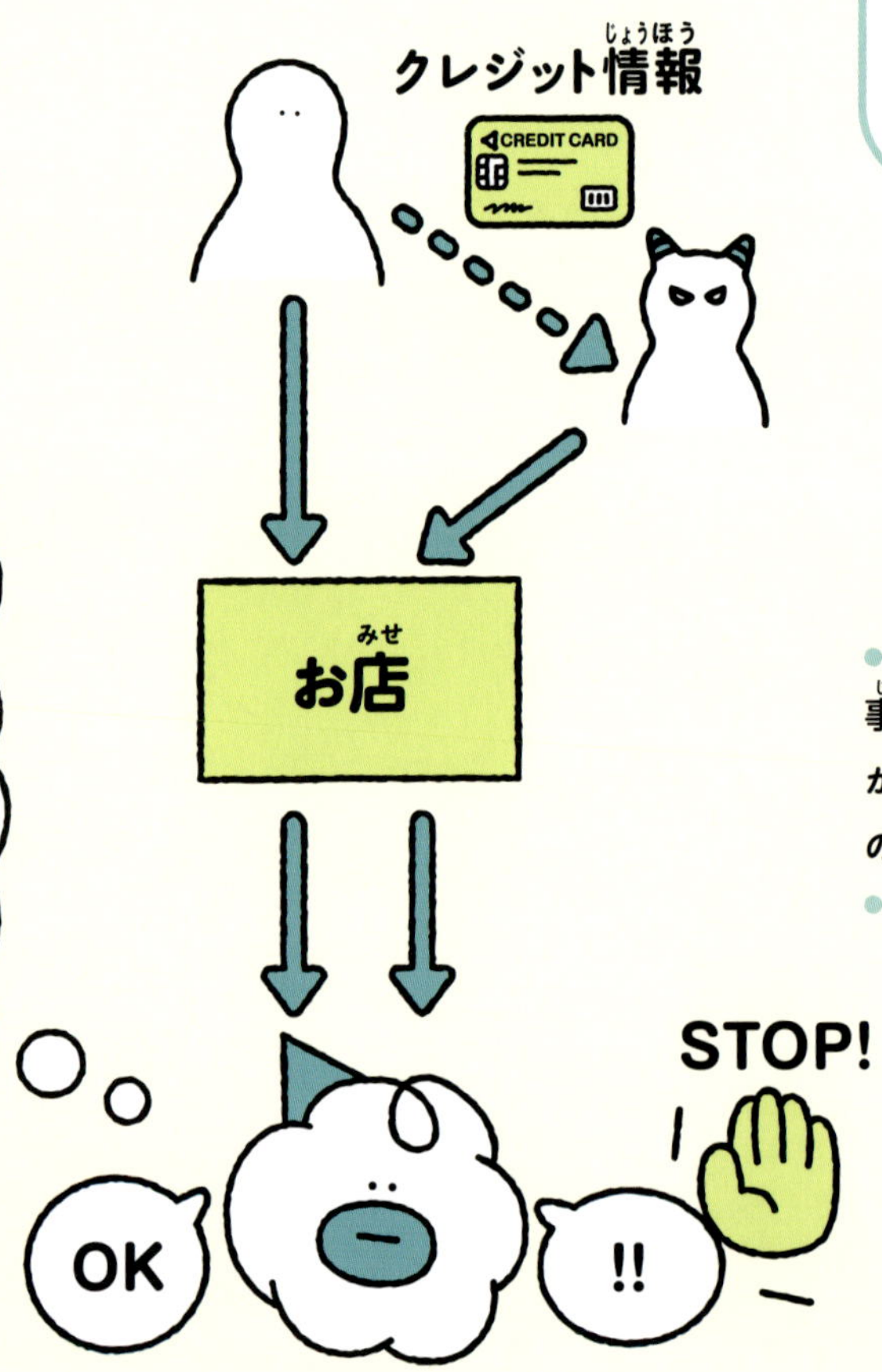

事前《じぜん》に学《まな》んだ犯罪《はんざい》の手口《てぐち》などから不正《ふせい》かもしれない取引《とりひき》をAIが報告《ほうこく》。人間《にんげん》の判断《はんだん》も加《くわ》えて犯罪《はんざい》を防止《ぼうし》します。

ーンを学《まな》んで予測《よそく》し、災害対策《さいがいたいさく》や防災《ぼうさい》の準備《じゅんび》に役立《やくだ》っています。

ＡＩは作業《さぎょう》の効率化《こうりつか》にも役立《やくだ》ちます。工場《こうじょう》では、大量《たいりょう》のデータから学《まな》んだＡＩが効率的《こうりつてき》な作業《さぎょう》システムを提案《ていあん》し、高品質《こうひんしつ》な商品《しょうひん》を効率《こうりつ》よく生産《せいさん》できるようになりました。バスや電車《でんしゃ》の運行《うんこう》では、利用者《りようしゃ》がある時間帯《じかんたい》にどこからどこに移動《いどう》するのかを分析《ぶんせき》し、ＡＩが最適《さいてき》な運行《うんこう》スケジュールを提案《ていあん》しています。

まだまだ事例《じれい》は尽《つ》きませんが、ＡＩの優《すぐ》れた面《めん》は十分《じゅうぶん》伝《つた》わったのではないでしょうか。

ＡＩは私《わたし》たちの代《か》わりに、ものごとを判断《はんだん》したり、提案《ていあん》したりできる道具《どうぐ》なのです。

農業《のうぎょう》を助《たす》けるAI

ドローンに搭載《とうさい》されたAIが、害虫《がいちゅう》やその影響《えいきょう》で弱《よわ》った作物《さくもつ》を発見《はっけん》し、ピンポイントに農薬《のうやく》をまくことができます。農業《のうぎょう》の作業効率《さぎょうこうりつ》を高《たか》めつつ、農薬《のうやく》の使用量《しようりょう》を減《へ》らします。

診断《しんだん》を助《たす》けるAI

CT《シーティー》やMRI《エムアールアイ》、レントゲン写真《しゃしん》などの画像《がぞう》を分析《ぶんせき》し、医師《いし》ががんや骨折《こっせつ》などの異常《いじょう》を発見《はっけん》するのを助《たす》けます。医師《いし》が見落《みお》としがちな部分《ぶぶん》まで識別《しきべつ》できるため、より正確《せいかく》で素早《すばや》い診断《しんだん》が行《おこな》えます。

04 「生成《せい》成《せい》AI」とは?

コンピュータが新《あたら》しいものをつくり出《だ》せる時《じ》代《だい》に

AIの中《なか》でも、近年《きんねん》、世間《せけん》をにぎわせているのが「生成《せいせい》AI」です。人間《にんげん》がつくったかのような文章《ぶんしょう》や絵《え》を生《う》み出《だ》せるAIで、生成型《せいせいがた》AI、ジェネレーティブAIとも呼《よ》ばれます。生成《せいせい》AIは、主《おも》にインターネット上《じょう》にたくさんある人間《にんげん》の作品《さくひん》から学《まな》び、文章《ぶんしょう》や絵《え》、音楽《おんがく》などをつくります。情報《じょうほう》を探《さが》したり、予測《よそく》したりするAIから、さらに一歩《いっぽ》進《すす》んだ印象《いんしょう》ですね。

例《たと》えば「ChatGPT《チャットジーピーティー》」という生成《せいせい》AIは作文《さくぶん》が得意《とくい》です。利用者《りようしゃ》が言葉《ことば》で質問《しつもん》すると、自然《しぜん》な文章《ぶんしょう》で返答《へんとう》します。この生成《せいせい》AIはネット上《じょう》にある膨大《ぼうだい》な文《ぶん》章《しょう》を分析《ぶんせき》して、自身《じしん》の作文《さくぶん》に生《い》かしています。単語《たんご》と単語《たんご》のつながり方《かた》、この話《わ》題《だい》だとどの単語《たんご》がよく使《つか》われるのかといった確率《かくりつ》をもとに文章《ぶんしょう》をつくるのです。

ひと昔前《むかしまえ》のAIだと、プログラマがあらかじめ「応答《おうとう》を求《もと》められたら、こう答《こた》える」というルールを考《かんが》え、質問方法《しつもんほうほう》も回答方法《かいとうほうほう》も決《き》めておかないと対応《たいおう》できませんでした。どんな質問《しつもん》にも答《こた》えるように見《み》える生成《せいせい》AIは、こうしたルールに従《したが》ったAIとは一線《いっせん》を画《かく》するものです。

ただし、生成《せいせい》AIもすでに説明《せつめい》したほかのAIと同様《どうよう》に、**自分《じぶん》が生成《せいせい》した文章《ぶんしょう》や絵《え》の内容《ないよう》を人間《にんげん》のように「理解《りかい》」しているのではなく、データから学《まな》んだパターンを活用《かつよう》しているに過《す》ぎません。**学習《がくしゅう》データが十分《じゅうぶん》でなかったり情報《じょうほう》が古《ふる》かったりすると、適切《てきせつ》な回答《かいとう》や作品《さくひん》が得《え》られないことがあります。重要《じゅうよう》なのは、生成《せいせい》AIのしくみや学習法《がくしゅうほう》を理解《りかい》して利用《りよう》することです。

さまざまな生成《せいせい》AI

文章生成《ぶんしょうせいせい》AI

文章《ぶんしょう》で質問《しつもん》したり、作文《さくぶん》の指示《しじ》を出《だ》したりすると、まるで人間《にんげん》が答《こた》えているような自然《しぜん》な文章《ぶんしょう》で返答《へんとう》してくれるAIです。ChatGPT《チャットジーピーティー》も文章生成《ぶんしょうせいせい》AIの一《ひと》つです。「ここの文《ぶん》の意味《いみ》がわからない」「子《こ》どもでもわかるように」などと指示《しじ》すると回答《かいとう》を変更《へんこう》してくれます。

生成《せいせい》AIには弱点《じゃくてん》もある

過去《かこ》のデータで学習《がくしゅう》しているAIは、最新《さいしん》の時事問題《じじもんだい》には答《こた》えられません。(「ChatGPT《チャットジーピーティー》」のGPT《ジーピーティー》-3.5は2021年《ねん》9月《がつ》まで、GPT《ジーピーティー》-4oは2023年《ねん》10月《がつ》までのデータで学習《がくしゅう》しています。)

学習《がくしゅう》データが十分《じゅうぶん》にないと、適切《てきせつ》な画像《がぞう》を生成《せいせい》できないことがあります。例《たと》えば、画像生成《がぞうせいせい》AIは指先《ゆびさき》の描写《びょうしゃ》が苦手《にがて》な傾向《けいこう》があります。これは、AIが実際《じっさい》の写真《しゃしん》から学習《がくしゅう》するときに、顔《かお》に比《くら》べると手先《てさき》まで写《うつ》っている写真《しゃしん》が少《すく》ないためだと言《い》われています。

画像生成《がぞうせいせい》AI

文章《ぶんしょう》やほかの画像《がぞう》をもとに新《あたら》しい画像《がぞう》を生成《せいせい》するAIです。すでにデザイナーやイラストレーターの道具《どうぐ》の一《ひと》つとして活用《かつよう》され始《はじ》めています。近年《きんねん》は漫画《まんが》の制作《せいさく》に画像生成《がぞうせいせい》AIが活用《かつよう》された例《れい》もあります。

音声生成《おんせいせいせい》AI

文章《ぶんしょう》や画像《がぞう》の生成《せいせい》に加《くわ》えて、ナレーション音声《おんせい》の合成《ごうせい》や音声《おんせい》アシスタント、歌声合成《うたごえごうせい》など、様々《さまざま》な音声生成技術《おんせいせいせいぎじゅつ》も登場《とうじょう》しています。

05 AIで私《わたし》たちはどう変《か》わる？

日々《ひび》使《つか》う道具《どうぐ》が変《か》わると人間《にんげん》の考《かんが》え方《かた》も変《か》わっていく

日々《ひび》どんどん進歩《しんぽ》するAIは、私《わたし》たちにどんな影響《えいきょう》をもたらすでしょうか。

AIに限《かぎ》らず、私《わたし》たちは歴史《れきし》を通《つう》じていつも新《あら》たな道具《どうぐ》を生《う》み出《だ》してきました。石器《せっき》、農具《のうぐ》、蒸気機関《じょうききかん》、電気《でんき》、コンピュータ。こうした技術《ぎじゅつ》は私《わたし》たちの生活《せいかつ》を変《か》え、日々《ひび》の行動《こうどう》や考《かんが》え方《かた》までも変《か》えてきました。

例《たと》えば携帯電話《けいたいでんわ》。今《いま》では誰《だれ》もが携帯電《けいたいでん》話《わ》を持《も》ち、いつでも友《とも》だちや家族《かぞく》と連絡《れんらく》ができるようになりました。以前《いぜん》は家族《かぞく》や友《とも》だち、会社《かいしゃ》の電話番号《でんわばんごう》などをメモ帳《ちょう》で持《も》ち歩《ある》き、数件《すうけん》の番号《ばんごう》は暗記《あんき》していました。人《ひと》と待《ま》ち合《あ》わせをするときは、どの駅《えき》の何番出口《なんばんでぐち》のどこか、事前《じぜん》に細《こま》かく場所《ばしょ》を決《き》めました。しかし携帯電話《けいたいでんわ》を持《も》つと、電話番号《でんわばんごう》を覚《おぼ》える必要《ひつよう》がなくなり、近《ちか》くに着《つ》いたらメッセンジャーアプリで

道具《どうぐ》が変《か》わると思考《しこう》も変《か》わる

想像《そうぞう》してみてください。インターネットやスマートフォンがまだなかった時代《じだい》、人々《ひとびと》は情報《じょうほう》を得《え》るためにどんな方法《ほうほう》を使《つか》っていたと思《おも》いますか？　その時代《じだい》の人々《ひとびと》の思考《しこう》は、私《わたし》たちとどんな違《ちが》いがありそうでしょうか？

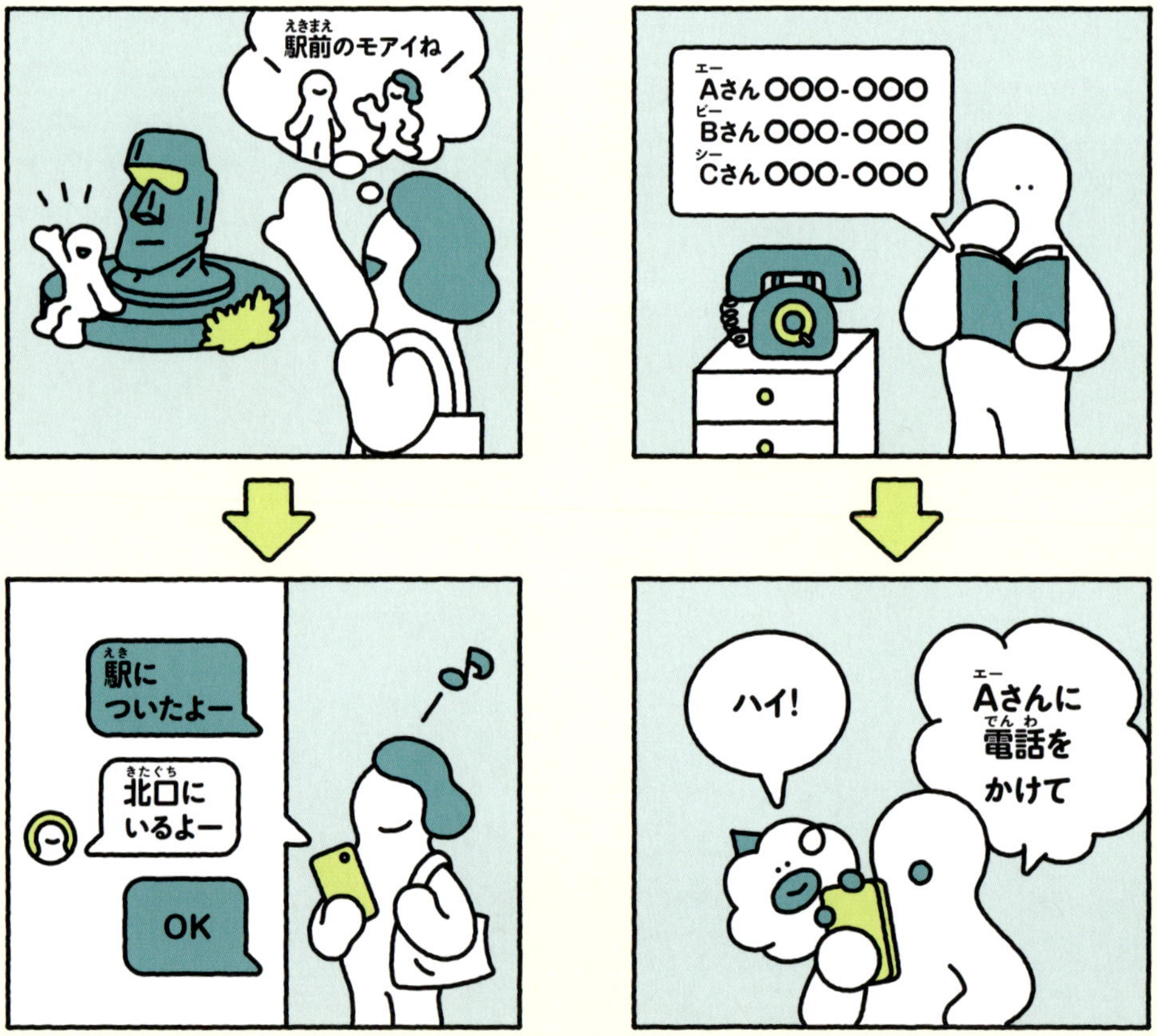

私《わたし》たちの思考《しこう》はどう変《か》わる？

冷蔵庫《れいぞうこ》や洗濯機《せんたくき》とは違《ちが》って、AIは私《わたし》たちの「考《かんが》えたり判断《はんだん》したりする仕事《しごと》」を代行《だいこう》できます。そのことが、私《わたし》たちの思考《しこう》に与《あた》える影響《えいきょう》はまだわかりません。

どこまで任《まか》せる？

たとえば、商品《しょうひん》をおすすめするAIが、トイレットペーパーやマヨネーズなどがなくなるタイミングまで予《よ》測《そく》してくれるようになるかもしれません。そのおすすめが適切《てきせつ》であるほど、やがて了解《りょうかい》も得《え》ずに自動的《じどうてき》に買《か》い物《もの》を行《おこな》う未来《みらい》がやってくるかもしれません。

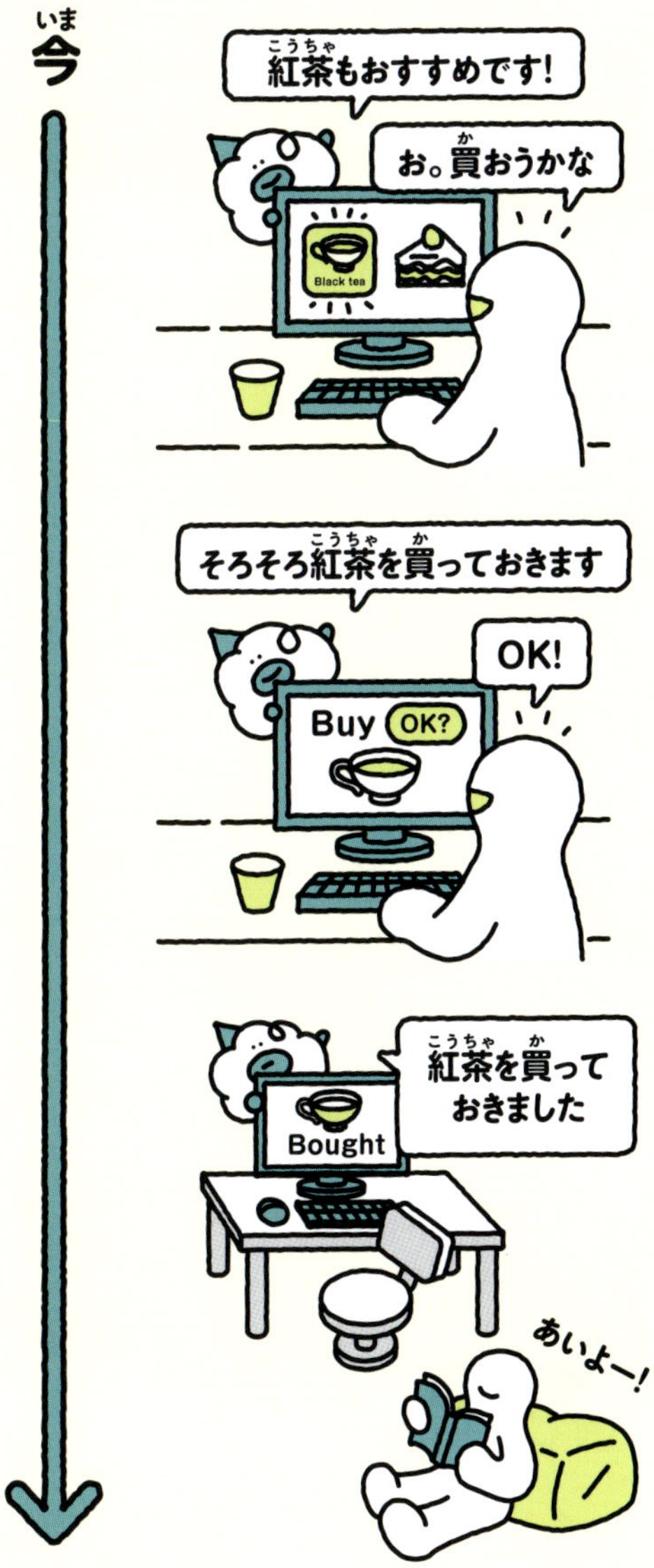

連絡《れんらく》すればいいので待《ま》ち合《あ》わせ場《ば》所《しょ》を決《き》めるのも簡単《かんたん》になりました。私《わたし》たちが記《き》憶《おく》すべき内容《ないよう》や行動《こうどう》が変《か》わったのです。

チャットやメールによるコミュニケーションは、即時《そくじ》にやり取《と》りでき、間違《まちが》った文章《ぶんしょう》もすぐに訂正《ていせい》を伝《つた》えられます。手《て》紙《がみ》のように往復《おうふく》に何日《なんにち》もかからないので、直接《ちょくせつ》の会話《かいわ》のように、思《おも》いついた言葉《ことば》をすぐに投《な》げかける傾向《けいこう》が増《ま》したという指《し》摘《てき》もあります。

こうしたことはほんの一例《いちれい》に過《す》ぎません。**技術《ぎじゅつ》が私《わたし》たちの行動《こうどう》や、ものごとの捉《とら》え方《かた》、考《かんが》え方《かた》まで変《か》えるならば、AIの時代《じだい》には、どんな変化《へんか》がやってくるでしょうか。**

仕事場《しごとば》では、同《おな》じことを繰《く》り返《かえ》す作《さ》業《ぎょう》がどんどん自動化《じどうか》され、人間《にんげん》が「どう工《く》夫《ふう》すれば効率良《こうりつよ》くできるか」と考《かんが》える必《ひつ》要《よう》がなくなるかもしれません。買《か》い物《もの》では、自分《じぶん》に合《あ》うと思《おも》われる商品《しょうひん》が推薦《すいせん》され、探《さが》す手間《てま》がなくなります。その推薦《すいせん》がいつも適切《てきせつ》ならば、買《か》い物《もの》自体《じたい》もAIに「買《か》っておいて」と頼《たの》むだけになるかもしれません。ただそうなったとき、新《あたら》しいものに出会《であ》うチャンスを失《うしな》ってしまうかもしれません。どんな変化《へんか》があるか、それが良《よ》いのか悪《わる》いのか、すぐに結《けつ》論《ろん》は出《だ》せません。

AI技術《ぎじゅつ》の進歩《しんぽ》を楽《たの》しみ、便利《べんり》に使《つか》いながらも「これで大丈夫《だいじょうぶ》かな?」と批判《ひはん》的《てき》な視点《してん》を忘《わす》れず持《も》っておくことが、未《み》来《らい》のために、誰《だれ》でもできる大切《たいせつ》なことといえるでしょう。

AIで私《わたし》たちの仕事《しごと》も変《か》わる

AIは、私《わたし》たちの仕事《しごと》にも影響《えいきょう》を及《およ》ぼします。この先《さき》、AIにできることが増《ふ》えていけば、今人間《いまにんげん》が担《にな》っている作業《さぎょう》をAI搭載《とうさい》のロボットなどが担《にな》うようになるでしょう。つまり、今《いま》ある職業《しょくぎょう》の中《なか》でなくなるものもあります。**ある研究《けんきゅう》では、現在《げんざい》の日本人の仕事《しごと》の49%がなくなると予測《よそく》されています。**

理解《りかい》しておきたいのは「今回《こんかい》が特別《とくべつ》というわけではない」ということです。**歴史《れきし》を振《ふ》り返《かえ》ると、新《あたら》しい科学技術《かがくぎじゅつ》の導入《どうにゅう》による失業《しつぎょう》は、何度《なんど》も繰《く》り返《かえ》されてきました。**

スーパーのレジの仕事《しごと》を例《れい》にしてみましょう。以前《いぜん》は、レジでのお金《かね》の計算《けいさん》をすべて人間《にんげん》が手《て》で行《おこな》っていましたが、バーコードスキャナーが開発《かいはつ》され、商品《しょうひん》のバーコードを「ピッ」とするだけで、価《か》格《かく》を自動《じどう》で読《よ》み取《と》り、合計金額《ごうけいきんがく》が計算《けいさん》できるようになりました。これにより、商《しょう》品《ひん》の価格《かかく》を一《ひと》つ一《ひと》つ手《て》で入力《にゅうりょく》する仕事《しごと》や、計算《けいさん》が合《あ》っているかを確認《かくにん》する仕事《しごと》は減《げん》少《しょう》しました。しかし同時《どうじ》に、バーコードスキャナーの普及《ふきゅう》は新《あら》たな仕事《しごと》を生《う》み出《だ》

AI時代《じだい》に注目《ちゅうもく》される「ベーシックインカム」

AIがますます発展《はってん》していくと、AIを使《つか》える一部《いちぶ》の人《ひと》や企業《きぎょう》に富《とみ》が集中《しゅうちゅう》し、仕事《しごと》がAIに代替《だいたい》されて失業《しつぎょう》した人々《ひとびと》との貧《ひん》富《ぷ》の差《さ》が拡大《かくだい》していくことが懸念《けねん》されます。また、人間《にんげん》が担《にな》ってきた作業《さぎょう》をAIが担《にな》うようになるということは、人間《にんげん》が働《はたら》かなくても生産活動《せいさんかつどう》が可能《かのう》になるという見方《みかた》もできます。このような状況《じょうきょう》の中《なか》、注目《ちゅうもく》されているのが「ベーシックインカム」です。ベーシックインカムとは、政府《せいふ》からすべての国《こく》民《みん》に定期的《ていきてき》に一定《いってい》の金額《きんがく》を支給《しきゅう》するしくみです。最低限《さいていげん》の生《せい》活《かつ》を保障《ほしょう》するしくみとして18世紀《せいき》から存在《そんざい》したアイデアですが、AIの発展《はってん》により、近年再《きんねんふたた》び注目《ちゅうもく》されています。

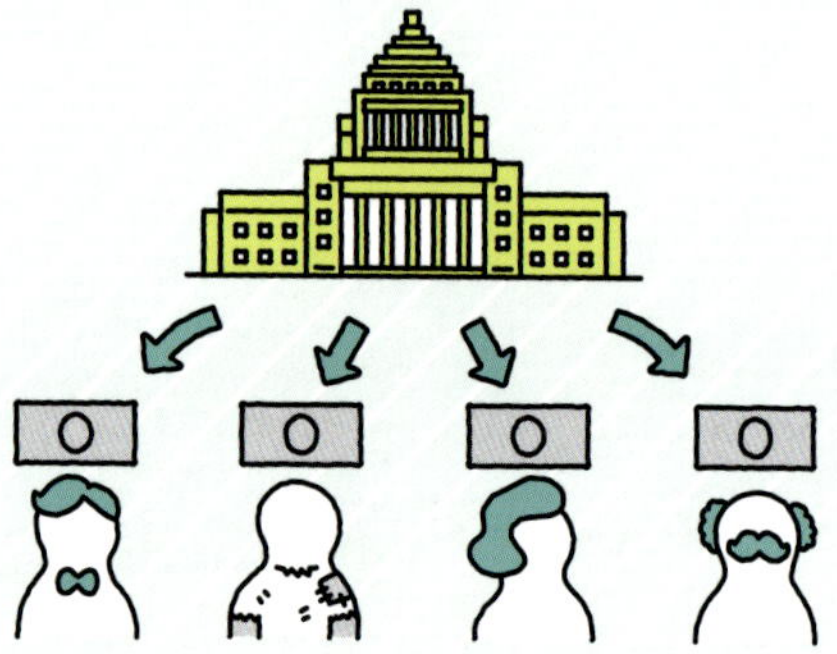

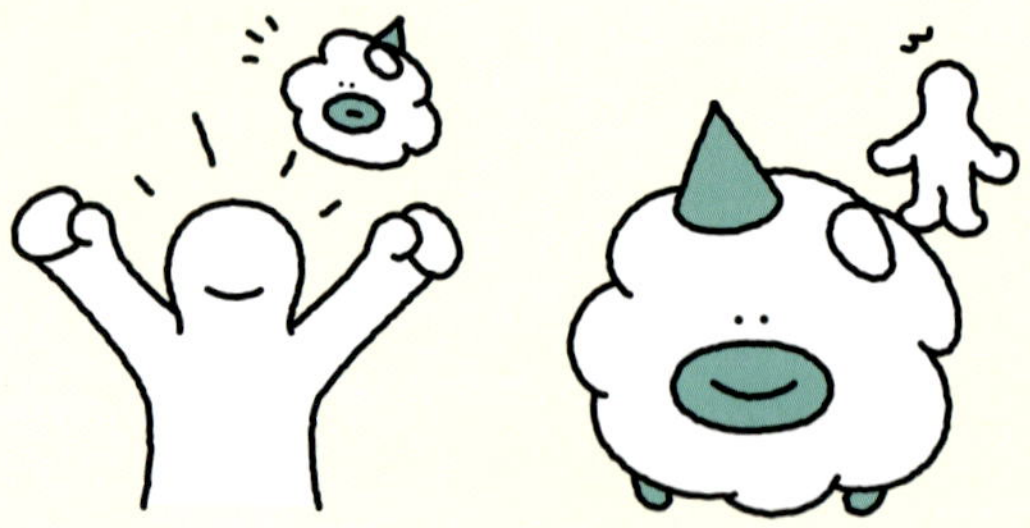

AIによる代替《だいたい》リスクが低《ひく》い職業《しょくぎょう》	AIによる代替《だいたい》リスクが高《たか》い職業《しょくぎょう》
理学療法士《りがくりょうほうし》	ファストフード調理係《ちょうりがかり》
美容師《びようし》	縫製工場作業員《ほうせいこうじょうさぎょういん》
犬《いぬ》の訓練士《くんれんし》	トラック運転手《うんてんしゅ》
介護士《かいごし》	放射線技師《ほうしゃせんぎし》
コンシェルジュ	保険査定員《ほけんさていいん》
精神科医《せいしんかい》	初級翻訳者《しょきゅうほんやくしゃ》
PR《ピーアール》ディレクター	銀行窓口係《ぎんこうまどぐちがかり》

出典《しゅってん》：李開復《リーカイフー》『AI世界秩序《せかいちつじょ》　米中《べいちゅう》が支配《しはい》する「雇用《こよう》なき未来《みらい》」』

時代《じだい》が変《か》わると仕事《しごと》も変《か》わる

しました。例《たと》えば、バーコードスキャナーやそのシステムの管理《かんり》・修理《しゅうり》、最新《さいしん》の売上《うりあげ》データの分析《ぶんせき》や細《こま》やかな仕入《しい》れ戦略《せんりゃく》の立案《りつあん》などの仕事《しごと》が新《あら》たに必要《ひつよう》になりました。このように、人間《にんげん》は新《あたら》しい科学技《かがくぎ》術《じゅつ》が登場《とうじょう》するたびに、科学技術《かがくぎじゅつ》を使《つか》いこなす側《がわ》に回《まわ》ったり、科学技術《かがくぎじゅつ》で新《あら》たに生《う》まれた仕事《しごと》にシフトしたりしてきたのです。

ＡＩの場合《ばあい》はどうでしょうか。今《いま》ある仕事《しごと》の中《なか》でも、創造性《そうぞうせい》・協調性《きょうちょうせい》が必要《ひつよう》な業《ぎょう》務《む》や、臨機応変《りんきおうへん》な対応《たいおう》が求《もと》められる業《ぎょう》務《む》は、将来《しょうらい》においても人間《にんげん》が担《にな》うと考《かんが》えられています。また、ＡＩの開発《かいはつ》・管理《かんり》といった、**新《あたら》しいＡＩをつくったりＡＩを使《つか》いこなしたりするための仕事《しごと》も必要《ひつよう》になるでしょう。**それらに加《くわ》えて、**ＡＩ時《じ》代《だい》だからこそ、人間《にんげん》が担《にな》う仕事《しごと》には新《あら》たな価値《かち》が見《み》い出《だ》されるようになるはずです。**

バーコードスキャナーの普及《ふきゅう》により、手動《しゅどう》でのレジ打《う》ちの仕事《しごと》は減少《げんしょう》しましたが、バーコードシステムの管理《かんり》やメンテナンス、くわしく売上《うりあげ》データを分析《ぶんせき》する新《あら》たな職種《しょくしゅ》が生《う》まれました。

学校《がっこう》の教室《きょうしつ》を例《れい》に見《み》てみましょう。今《いま》、先生《せんせい》は原則《げんそく》として教室《きょうしつ》にいる全員《ぜんいん》に対《たい》して授業《じゅぎょう》を行《おこな》います。ＡＩの発展《はってん》により、生徒一人《せいとひとり》ひとりの理解《りかい》に合《あ》わせた教材《きょうざい》が提供《ていきょう》できるようになれば、全員《ぜんいん》に向《む》けた授業《じゅぎょう》は必要《ひつよう》なくなるかもしれません。しかし、だからと言《い》って「先生《せんせい》」という仕《し》事《ごと》がなくなるとは限《かぎ》りません。なぜなら、学校《がっこう》は知識《ちしき》を身《み》につけるだけの場《ば》ではなく、人間関係《にんげんかんけい》や社会的《しゃかいてき》な成長《せいちょう》の場《ば》でもあるからです。また知識《ちしき》のあり方自体《かたじたい》も社《しゃ》会《かい》の中《なか》で変化《へんか》していくかもしれません。ＡＩ時代《じだい》の「先生《せんせい》」は、生徒《せいと》の学《まな》ぶ意欲《いよく》を高《たか》めたり、コミュニケーションスキルや道徳的《どうとくてき》な価値観《かちかん》など、人間的《にんげんてき》な側面《そくめん》を教《おし》え導《みちび》いたりする役割《やくわり》を担《にな》うことになるでしょう。

AIの時代《じだい》になっても、「先生《せんせい》」という職業《しょくぎょう》は生徒《せいと》たちの学《まな》ぶ意欲《いよく》を引《ひ》き出《だ》し、さらに人《ひと》として大切《たいせつ》なコミュニケーションの方法《ほうほう》や道徳的《どうとくてき》な価値観《かちかん》を育《はぐく》む重要《じゅうよう》な役割《やくわり》を果《は》たします。

ＡＩが発展《はってん》することで、何《なに》に価値《かち》が見《み》い出《だ》されるようになるか。人間《にんげん》の仕事《しごと》の価値《かち》がどのように変化《へんか》していくか。これらを考《かんが》え続《つづ》けることが、ＡＩ時代《じだい》を生《い》き抜《ぬ》く鍵《かぎ》になります。

この章のまとめ

AIとは「人工知能《じんこうちのう》」を意味《いみ》する英語《えいご》の略称《りゃくしょう》で、人間《にんげん》の知的《ちてき》なふるまいの一部《いちぶ》をコンピュータで実現《じつげん》した技術《ぎじゅつ》のことです。 p14-15

AIは人間《にんげん》のように賢《かしこ》いことをコンピュータにやってもらうためのたくさんの命令《めいれい》の集《あつ》まりです。 p14-15

AIとロボットは異《こと》なります。AIは人間《にんげん》でいえば「脳《のう》」に相当《そうとう》し、ロボットは動《うご》く「体《からだ》」のようなものです。 p16-17

人間《にんげん》と同等以上《どうとういじょう》の知能《ちのう》を持《も》つAI（汎用《はんよう》AI）は実現《じつげん》しておらず、現在《げんざい》のAIが再現《さいげん》できるのは人間《にんげん》の知能《ちのう》の一部《いちぶ》に過《す》ぎません。 p16-17

AI研究《けんきゅう》は日々進歩《ひびしんぽ》していて、大《おお》きく4つのレベルに分類《ぶんるい》できます。 p18-19

近年注目《きんねんちゅうもく》を集《あつ》めているレベル3-4のAIは「機械学習《きかいがくしゅう》」というしくみを持《も》っています。 p18-19

機械学習《きかいがくしゅう》は、たくさんのデータに対《たい》して、コンピュータがそのデータの中《なか》にあるパターンや傾向《けいこう》を見《み》つけ、学《まな》ぶしくみです。 p18-19

特定《とくてい》の条件《じょうけん》の下《もと》では、人間《にんげん》と同等《どうとう》に予測《よそく》や結果《けっか》を導《みちび》けるAIが生《う》まれ、さまざまな場面《ばめん》で役《やく》に立《た》っています。 p18-19

機械学習《きかいがくしゅう》したAIの身近《みぢか》な例《れい》は、ショッピングサイトなどで「おすすめ」してくるAIです。 p20-21

このAIは利用者《りようしゃ》が買《か》った物《もの》、買《か》った時期《じき》、組《く》み合《あ》わせ、同《おな》じ商品《しょうひん》を好《この》む他《ほか》の利用者《りようしゃ》など、膨大《ぼうだい》なデータから好《この》みを予測《よそく》しています。 p20-21

ただし、AIはデータからパターンや傾向《けいこう》を見《み》つけているだけで、人《にん》間《げん》が考《かんが》えるような「意味《いみ》」や「価値《かち》」は理解《りかい》していません。 p20-21

ほかの身近《みぢか》な例《れい》は、人《ひと》の話《はな》し声《ごえ》をマイクで受《う》け、文字《もじ》に変《か》える音声《おんせい》認識《にんしき》AIです。 p22-23

マイクやカメラ、温度計《おんどけい》などセンサーとAIを組《く》み合《あ》わせると、現実世《げんじつせ》界《かい》の情報《じょうほう》を学《まな》ばせることができます。 p22-23

AIを活用《かつよう》して私《わたし》たちの生活《せいかつ》をより便利《べんり》にしようとさまざまな技術《ぎじゅつ》の開《かい》発《はつ》が今《いま》も続《つづ》けられています。 p24-25

発電《はつでん》、犯罪防止《はんざいぼうし》、医療《いりょう》、防災《ぼうさい》など、社会《しゃかい》で活躍《かつやく》するAIは、そうと知《し》らずにすでに利用《りよう》しているものもあります。 p26-27

人間《にんげん》のような文章《ぶんしょう》や絵《え》を作《つく》れると、近年《きんねん》のニュースをにぎわせているのが「生成《せいせい》AI」です。 p28-29

生成《せいせい》AIも、データから学《まな》んだパターンを活用《かつよう》しているだけで、人間《にんげん》のように文章《ぶんしょう》や絵《え》の内容《ないよう》を「理解《りかい》」してはいません。 p28-29

生成《せいせい》AIは、学習《がくしゅう》データが十分《じゅうぶん》でなかったり情報《じょうほう》が古《ふる》かったりすると、適切《てきせつ》な文章《ぶんしょう》や絵《え》を作《つく》れないことがあります。 p28-29

AIは社会《しゃかい》をどう変《か》えるでしょうか。AIに限《かぎ》らず社会《しゃかい》を大《おお》きく変《か》える新《しん》技術《ぎじゅつ》は私《わたし》たちの行動《こうどう》や考《かんが》え方《かた》を変《か》えてきました。 p30-31

AI技術《ぎじゅつ》の進歩《しんぽ》を楽《たの》しみ、便利《べんり》に使《つか》いながらも批判的《ひはんてき》な目《め》を忘《わす》れず持《も》つことが大切《たいせつ》です。 p30-31

AIが普及《ふきゅう》することで、人手《ひとで》が不要《ふよう》になり、今《いま》ある仕事《しごと》の半分《はんぶん》がなくなると予測《よそく》する研究《けんきゅう》があります。 p32-33

歴史《れきし》を振《ふ》り返《かえ》ると、新《あたら》しい科学技術《かがくぎじゅつ》の導入《どうにゅう》による失業《しつぎょう》は、何度《なんど》も繰《く》り返《かえ》されてきたことです。 p32-33

AIを活用《かつよう》する仕事《しごと》が増《ふ》えると、人間《にんげん》の仕事《しごと》が減《へ》るのではなく、人間《にんげん》には新《あら》たな価値《かち》が見《み》い出《だ》されるはずです。 p32-33

AIを活用《かつよう》して、人間《にんげん》が生《う》み出《だ》せる価値《かち》は何《なに》か。これを考《かんが》え続《つづ》けることが、AI時代《じだい》を生《い》き抜《ぬ》く鍵《かぎ》になります。 p32-33

第2章

AI《エーアイ》の歴史《れきし》を知《し》ろう

01 A《エー》I《アイ》の始《はじ》まり

知能《ちのう》って何《なん》だろう？ 自分《じぶん》たちで知能《ちのう》をつくるチャレンジ

この章《しょう》ではAIの働《はたら》きを理解《りかい》するために、**知能《ちのう》とは何《なに》かという最初《さいしょ》の問《と》いに再《ふたた》び向《む》き合《あ》い、AIの歴史《れきし》をたどってみましょう。**

今《いま》、この文章《ぶんしょう》を読《よ》むあなたに知能《ちのう》があることは間違《まちが》いないはずです。でも知能《ちのう》は目《め》に見《み》えず、形《かたち》もありません。他人《たにん》があなたの知能《ちのう》を確《たし》かめるには、例《たと》えば本《ほん》を読《よ》んでもらった後《あと》にその内容《ないよう》を説明《せつめい》してもらうといった工夫《くふう》が必要《ひつよう》です。つまり知能《ちのう》を研究《けんきゅう》するには、知能《ちのう》が働《はたら》いたと考《かんが》えられる結果《けっか》を観察《かんさつ》して、間接的《かんせつてき》に調《しら》べるほかありませんでした。

ところが20世紀《せいき》半《なか》ばになると、人間《にんげん》より速《はや》く正確《せいかく》に計算《けいさん》できるコンピュータが登場《とうじょう》し、研究《けんきゅう》がさらに進《すす》めば人間《にんげん》の知能《ちのう》を代替《だいたい》できるのではないか、という期待《きたい》

世界初のコンピュータ

ENIAC《エニアック》は電子回路《でんしかいろ》を用《もち》いて高速《こうそく》に動作《どうさ》する、初《はつ》の大規模汎用《だいきぼはんよう》コンピュータでした。約《やく》1万《まん》8000本《ほん》の真空管《しんくうかん》を使用《しよう》し、約《やく》30メートル四方《しほう》の部屋《へや》を埋《う》め尽《つ》くすほどの大《おお》きさでした。その後《ご》、真空管《しんくうかん》はトランジスタに置《お》き換《か》えられ、コンピュータの小型化《こがたか》、省電力化《しょうでんりょくか》、高速化《こうそくか》が進《すす》みました。

が生《う》まれました。

「AI」という言葉《ことば》がつくられ、**知能《ちのう》を外《そと》から観察《かんさつ》するほかに、知能《ちのう》をつくってみようという試《こころ》みが始《はじ》まった**のです。

AIの始《はじ》まりは1956年《ねん》のある研究会《けんきゅうかい》だった

AIの始《はじ》まりは、1956年《ねん》にアメリカで開《ひら》かれた「ダートマス会議《かいぎ》」という研究会《けんきゅうかい》でした。これは10人《にん》の研究者《けんきゅうしゃ》が集《あつ》まり、自分《じぶん》の研究《けんきゅう》を発表《はっぴょう》し合《あ》うというものでした。ここで初《はじ》めて「人間《にんげん》のように考《かんが》えることができる機械《きかい》」という意味《いみ》で、「Artificial《アーティフィシャル》 Intelligence《インテリジェンス》：AI」という言葉《ことば》が使《つか》われたといわれています。

この頃《ころ》は、コンピュータの能力《のうりょく》に期待《きたい》が高《たか》まってきた時期《じき》でした。今後《こんご》ますますコンピュータが高性能《こうせいのう》になっていけば、いつかはコンピュータが人間《にんげん》のようにものごとを判断《はんだん》できるようになる、と当時《とうじ》の科学者《かがくしゃ》たちは考《かんが》えたのです。こうして、1960年代《ねんだい》になると多《おお》くの科学者《かがくしゃ》たちがAIを研究《けんきゅう》するようになりました。

ダートマス会議《かいぎ》の主《おも》な参加者《さんかしゃ》たち
アレン・ニューウェル
世界《せかい》で初《はじ》めてのAIプログラムLogic《ロジック》 Theorist《セオリスト》を開発《かいはつ》。
ハーバート・サイモン
ジョン・マッカーシー
「AI」という言葉《ことば》を最初《さいしょ》に使《つか》った。LISP《リスプ》というプログラミング言語《げんご》を開発《かいはつ》。
クロード・シャノン
「情報量《じょうほうりょう》」という考《かんが》え方《かた》を示《しめ》した情報理論《じょうほうりろん》の生《う》みの親《おや》。
マービン・ミンスキー
AIの進化《しんか》において重要《じゅうよう》なフレーム理論《りろん》を提唱《ていしょう》。

02 第《だい》一《いち》次《じ》AIブーム

「推論《すいろん》」と「探索《たんさく》」が得意《とくい》な初期《しょき》のAI

最初《さいしょ》のAIブームは、1950年代後《ねんだいこう》半《はん》から1960年代にかけてでした。このときに主《おも》に研究《けんきゅう》されたのは「推論《すいろん》」と「探索《たんさく》」です。

「推論《すいろん》」とは、すでにわかっている事《こと》柄《がら》をいくつもつなぎ合《あ》わせて、まだわかっていないことを予想《よそう》する考《かんが》え方《かた》です。例《たと》えば、「A《エー》ならばB《ビー》、Bならば《ビー》C《シー》」なら、「AならばC《シー》」が成立《せいりつ》する、というのが推論《すいろん》です。

「探索《たんさく》」とは、目標《もくひょう》とするゴールと、そこにたどり着《つ》くためのルールが決《き》まっていて、ゴールにたどり着《つ》くための道《みち》すじを探《さが》すことです。例《たと》えば、迷路《めいろ》でゴールまでの道《みち》すじを探《さが》すとき、私《わたし》たちはルートの上《うえ》に指《ゆび》をすべらせるなどして先《さき》に進《すす》み、もし壁《かべ》にぶつかったら、手前《てまえ》の分岐点《ぶんきてん》まで戻《もど》り、そこから違《ちが》うルートをたどる、という作業《さぎょう》を繰《く》り返《かえ》します。これ

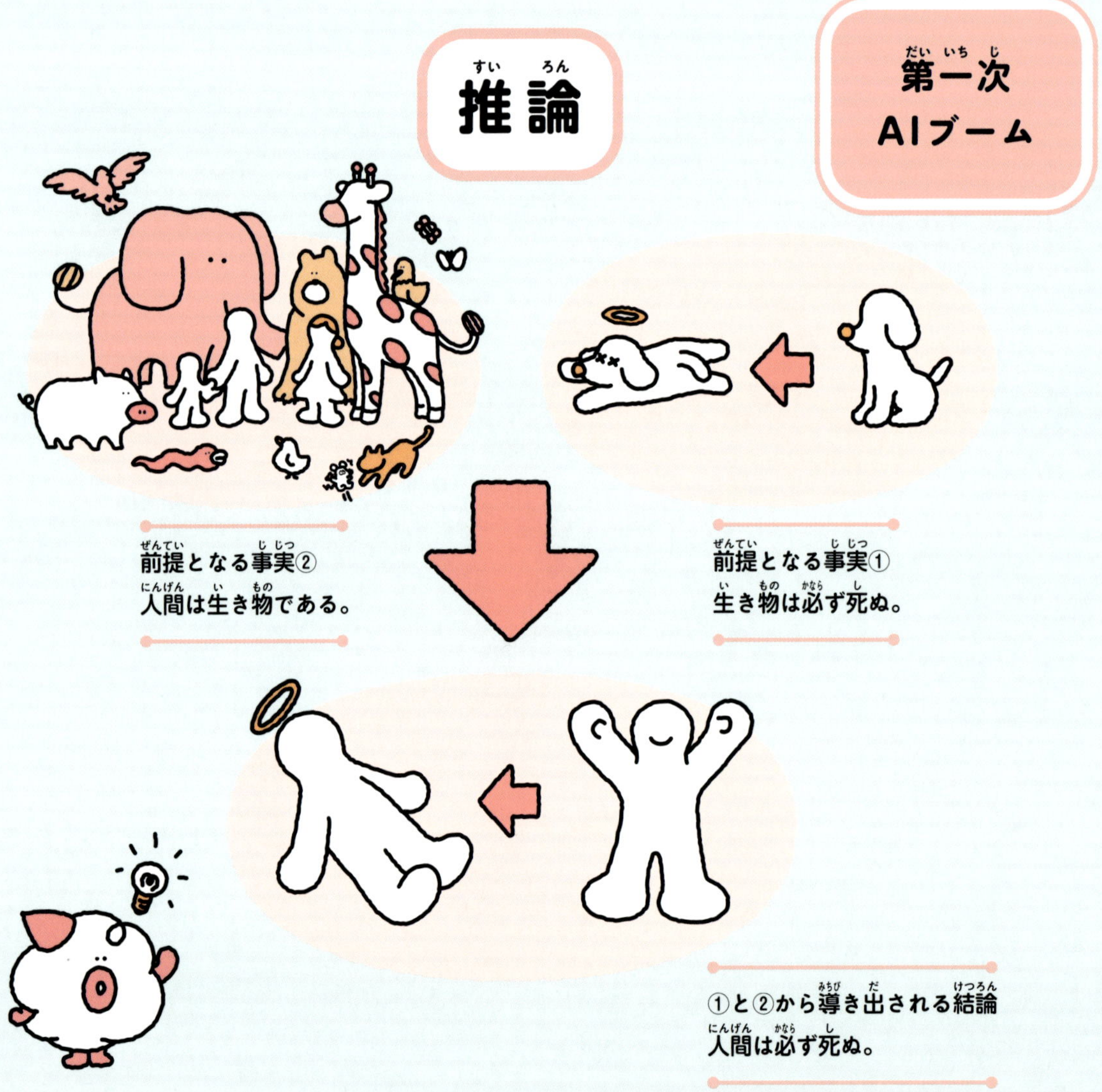
第一次《だいいちじ》
AIブーム
推論《すいろん》
前提《ぜんてい》となる事実《じじつ》①
生《い》き物《もの》は必《かなら》ず死《し》ぬ。
前提《ぜんてい》となる事実《じじつ》②
人間《にんげん》は生《い》き物《もの》である。
①と②から導《みちび》き出《だ》される結論《けつろん》
人間《にんげん》は必《かなら》ず死《し》ぬ。

がまさに「探索《たんさく》」です。

推論《すいろん》と探索《たんさく》を使《つか》ったＡＩの代表例《だいひょうれい》が、囲碁《いご》や将棋《しょうぎ》、オセロなどのゲームに特化《とっか》したＡＩです。近年《きんねん》は、機械学習《きかいがくしゅう》（↓p44）などを使《つか》ったＡＩも登場《とうじょう》していますが、推論《すいろん》や探索《たんさく》は、現在《げんざい》も使《つか》われる重要《じゅうよう》な考《かんが》え方《かた》の一《ひと》つです。

第《だい》一《いち》次《じ》ＡＩブームの終《お》わり

推論《すいろん》と探索《たんさく》を得意《とくい》とするＡＩが登場《とうじょう》したとき、「コンピュータが知能《ちのう》を持《も》ち、課題《かだい》を解《と》くらしい」という期待《きたい》で、ＡＩ研究《けんきゅう》が大《おお》きな社会的《しゃかいてき》ブームとなりました。

しかし、**この頃《ころ》のＡＩは単純《たんじゅん》な問題《もんだい》は解《と》けても、天気予報《てんきよほう》や株価予想《かぶかよそう》といった本当《ほんとう》にみんなが知《し》りたい複雑《ふくざつ》な問題《もんだい》は解《と》けませんでした。**そのため、この時代《じだい》のＡＩは「トイ・プロブレム（おもちゃの問題《もんだい》）」しか解《と》けないとも言《い》われ、加熱《かねつ》した期待《きたい》はたちまち冷《さ》めてしまいました。

論理《ろんり》クイズにチャレンジ！

初期《しょき》のAIは以下《いか》のような論理《ろんり》クイズが得意《とくい》です。あなたには解《と》けますか？


壊《こわ》れかけの橋《はし》があります。

この橋《はし》は２人《ふたり》までしか同時《どうじ》に渡《わた》れません。今《いま》、４人《にん》の人《ひと》がこの橋《はし》を渡《わた》ろうとしています。それぞれ橋《はし》を渡《わた》るのに10分《ぷん》、５分《ふん》、２分《ふん》、１分《ぷん》かかります。２人同時《ふたりどうじ》に渡《わた》るときはスピードの遅《おそ》い人《ひと》に合《あ》わせます。深夜《しんや》のため、橋《はし》を渡《わた》るには懐中電灯《かいちゅうでんとう》が必要《ひつよう》です。懐中電灯《かいちゅうでんとう》は１つしかありません。

このような状態《じょうたい》で、４人全員《にんぜんいん》が最短《さいたん》で渡《わた》り切《き》る時間《じかん》は何分《なんぷん》でしょうか？

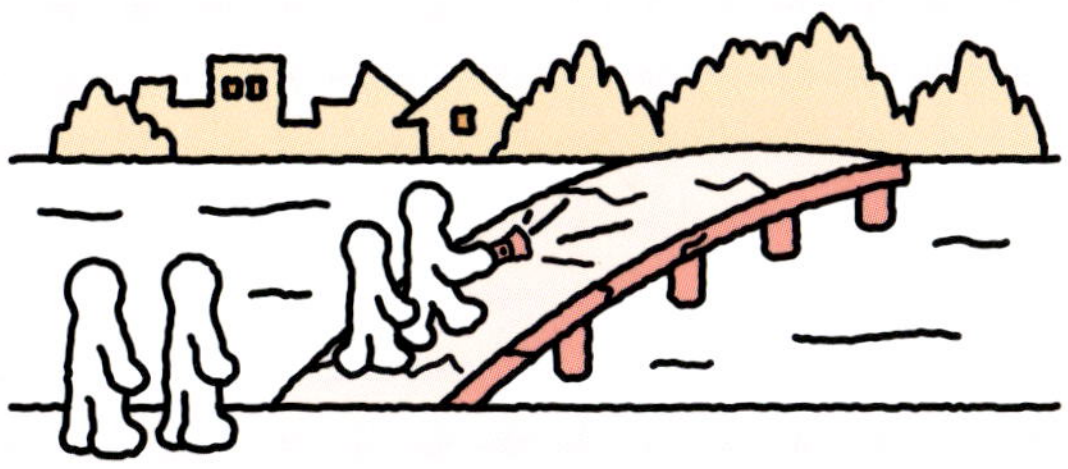

答《こた》え：17分《ぷん》

探索《たんさく》

探索《たんさく》にはさまざまな方法《ほうほう》があります。ここでは迷路《めいろ》を探索木《たんさくぎ》で表《あらわ》すことによって正《ただ》しい道《みち》すじを見《み》つける方法《ほうほう》を紹介《しょうかい》します。

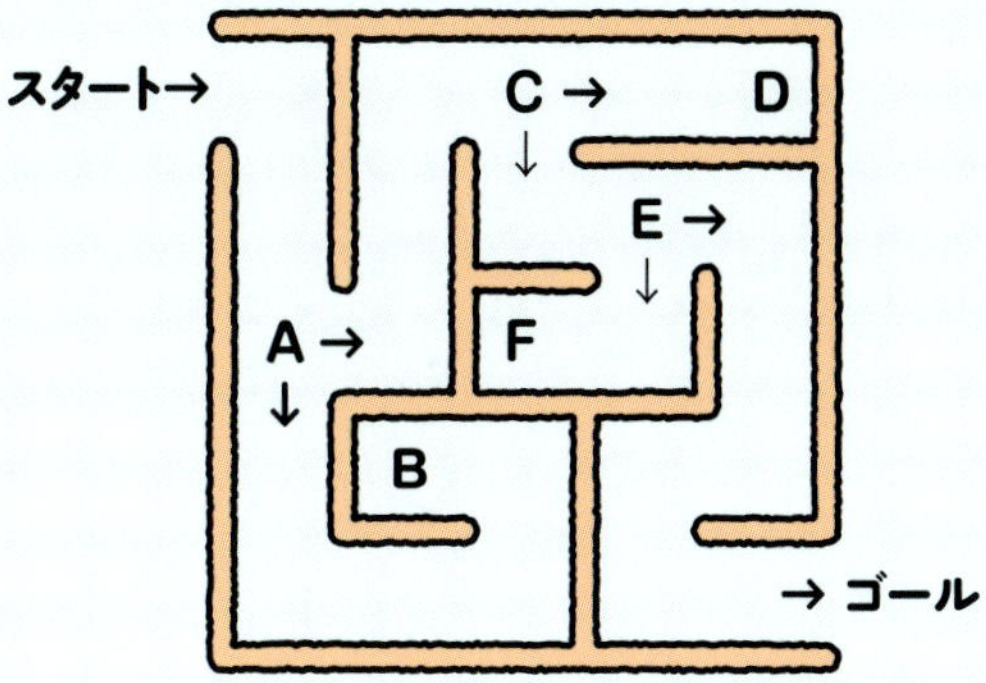

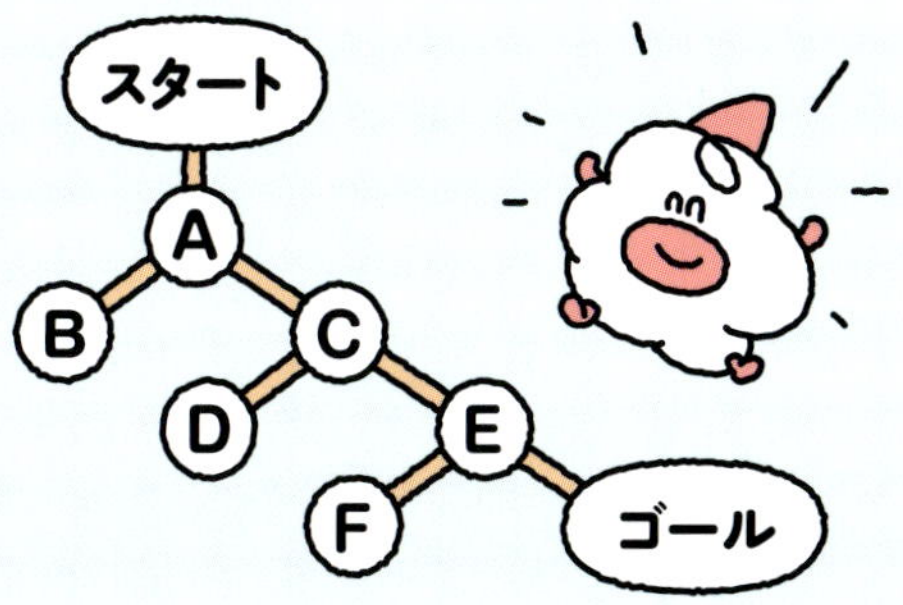

さまざまなAIが生《う》まれた1960年代《ねんだい》

第一次《だいいちじ》AIブームはすぐに終《お》わってしまいましたが、1960年代《ねんだい》は現代《げんだい》につながる多《おお》くの重要《じゅうよう》な技術《ぎじゅつ》が生《う》まれた時代《じだい》でもありました。

1965年《ねん》、スタンフォード大学《だいがく》のエドワード・ファイゲンバウムは、AIに専門《せんもん》的《てき》な知識《ちしき》を持《も》たせることによって、未知《みち》の物質《ぶっしつ》を推定《すいてい》できるAI「Dendral《デンドラル》」を開発《かいはつ》しました。専門家《せんもんか》のような判断《はんだん》ができることから、このようなAIは「エキスパート（専門家《せんもんか》）システム」と呼《よ》ばれます。第二次《だいにじ》ブームで活躍《かつやく》するのはこのタイプのAIです。

1966年《ねん》には、世界《せかい》で初《はじ》めて文章《ぶんしょう》で対話《たいわ》できるAI「ELIZA《イライザ》」が誕生《たんじょう》しました。最近話題《さいきんわだい》のチャットボットの元祖《がんそ》は、50年以上《ねんいじょう》も前《まえ》に開発《かいはつ》されていたのですね。ELIZA《イライザ》では、例《たと》えば次《つぎ》のようなやり取《と》りができました。

人間《にんげん》「落《お》ち込《こ》んだ気分《きぶん》です。」
ELIZA《イライザ》「落《お》ち込《こ》んだ気分《きぶん》はいつ頃《ごろ》からですか？」

1960年代《ねんだい》の主《おも》なできごと

1966年《ねん》
世界初《せかいはつ》のチャットボットが開発《かいはつ》される。

1965年《ねん》
未知《みち》の有機化合物《ゆうきかごうぶつ》の構造《こうぞう》を推定《すいてい》できるAIが開発《かいはつ》される。

タネ明《あ》かしをすると、「〇〇な気分《きぶん》です」の〇〇の言葉《ことば》に対《たい》して「〇〇な気分《きぶん》なのはいつ頃《ごろ》からですか？」という決《き》まった応答《おうとう》をするようにプログラムされていたのです。本当《ほんとう》に言葉《ことば》の意味《いみ》を理解《りかい》して応答《おうとう》しているわけではありません。決《き》まったパターンの会話《かいわ》しかできませんでしたが、当時《とうじ》の人々《ひとびと》は、あたかも知能《ちのう》を持《も》っているかのようなＥＬＩＺＡ《イライザ》の応答《おうとう》に驚《おどろ》きました。

落《お》ち込《こ》んだ
気分《きぶん》です。
人間《にんげん》
落《お》ち込《こ》んだ
気分《きぶん》はいつ頃《ごろ》からですか？
ELIZA《イライザ》
うれしい
気分《きぶん》です。
人間《にんげん》
うれしい
気分《きぶん》はいつ頃《ごろ》からですか？
ELIZA《イライザ》

チャットボットの歴史《れきし》

1966年《ねん》：「ELIZA《イライザ》」
最初《さいしょ》のチャットボット。心理療法士《しんりりょうほうし》の会話《かいわ》を模倣《もほう》したものだった。

1972年《ねん》：「PARRY《パリー》」
精神疾患《せいしんしっかん》を持《も》つ患者《かんじゃ》を模倣《もほう》したチャットボット。治療《ちりょう》に役立《やくだ》てる目的《もくてき》で開発《かいはつ》された。

1995年《ねん》：「ALICE《アリス》」
女性《じょせい》との会話《かいわ》を模倣《もほう》したチャットボット。自然言語処理《しぜんげんごしょり》の技術《ぎじゅつ》が使《つか》われ、より洗練《せんれん》された会話《かいわ》を実現《じつげん》した。

2006年《ねん》：「Watson《ワトソン》」
IBM《アイビーエム》によって開発《かいはつ》が始《はじ》められた。高度《こうど》な自然言語処理《しぜんげんごしょり》の技術《ぎじゅつ》が使《つか》われた。

2010年代《ねんだい》：さまざまなチャットボットが登場《とうじょう》
AIと機械学習《きかいがくしゅう》の進歩《しんぽ》により、Siri《シリ》、Google《グーグル》 Assistant《アシスタント》、Amazon《アマゾン》 Alexa《アレクサ》など賢《かしこ》く自然《しぜん》な会話《かいわ》ができるチャットボットが登場《とうじょう》。

2022年《ねん》：「ChatGPT《チャットジーピーティー》」
Open AI《オープンエーアイ》が開発《かいはつ》し、公開《こうかい》した。多言語対応《たげんごたいおう》で流暢《りゅうちょう》な会話《かいわ》を実現《じつげん》。

03 第《だい》二《に》次《じ》AIブーム

第《だい》二《に》次《じ》AIブームの主役《しゅやく》はエキスパートシステム

2回目《かいめ》のAIブームは1980年代《ねんだい》でした。コンピュータの性能《せいのう》が上《あ》がり、たくさんのデータを扱《あつか》えるようになったことがきっかけです。**これにより、AIに専門的《せんもんてき》な知識《ちしき》をたくさん持《も》たせようという取《と》り組《く》みが始《はじ》まりました。**

専門家《せんもんか》にはさまざまな種類《しゅるい》があります。医療《いりょう》の専門家《せんもんか》である医師《いし》、法律《ほうりつ》の専門家《せんもんか》である弁護士《べんごし》、そのほかにも金融《きんゆう》や会計《かいけい》、薬学《やくがく》といった分野《ぶんや》の専門家《せんもんか》もいるでしょう。これらの専門家《せんもんか》の代《か》わりをするエキスパートシステムに注目《ちゅうもく》が集《あつ》まりました。

しかし、エキスパートシステムをつくるには、最初《さいしょ》に誰《だれ》かがたくさんの知識《ちしき》を専門家《せんもんか》から聞《き》き取《と》り、それをデータとしてコンピュータに入力《にゅうりょく》しなければなりません。また、言葉《ことば》で表現《ひょうげん》するのが難《むずか》しい知識《ちしき》もあり、扱《あつか》える問題《もんだい》が限《かぎ》られていました。こうして、社会《しゃかい》の関心《かんしん》は再《ふたた》び薄《うす》れ

エキスパートシステム

専門的《せんもんてき》な知識《ちしき》をAIに持《も》たせることによって、専《せん》門的《もんてき》な仕事《しごと》を補助《ほじょ》できるとして注目《ちゅうもく》を集《あつ》めた。想定外《そうていがい》の質問《しつもん》に弱《よわ》いという欠点《けってん》があった。

AIに人間《にんげん》の常識《じょうしき》を教《おし》えるプロジェクト

AIが人間《にんげん》のように一般常識《いっぱんじょうしき》を身《み》につければ、想定外《そうていがい》の状況《じょうきょう》にも対応《たいおう》できるようになるのではないか、という仮説《かせつ》のもとに1984年《ねん》から始《はじ》まったのが、Cyc《サイク》プロジェクトです。このプロジェクトでは、AIに「すべての木《き》は植物《しょくぶつ》です」「日本《にほん》の首都《しゅと》は東京《とうきょう》です」といった情報《じょうほう》をひたすら入力《にゅうりょく》していきます。40年《ねん》たった今《いま》もプロジェクトは継続《けいぞく》しています。このことから、人間《にんげん》にとっての一般常識《いっぱんじょうしき》をデータ化《か》するのがどれだけ大変《たいへん》なことかがわかるでしょう。

ていきました。

第二次《だいにじ》AIブーム後《ご》に起《お》きたできごと

第二次《だいにじ》AIブームが過《す》ぎ去《さ》った後《あと》も、歴史的《れきしてき》なできごとがいくつかありました。

1997年《ねん》、IBM《アイビーエム》が開発《かいはつ》したAIが、チェスの世界《せかい》チャンピオンに勝利《しょうり》しました。このAIは1秒間《びょうかん》に2億《おく》もの局面《きょくめん》を読《よ》めるものでした。ボードゲームでAIが人間《にんげん》に勝《か》ったという衝撃的《しょうげきてき》なニュースにより、AI研究《けんきゅう》に再《ふたた》び注目《ちゅうもく》が集《あつ》まりました。

2011年《ねん》には、Watson《ワトソン》というAIがクイズ番組《ばんぐみ》で、2人の世界《せかい》チャンピオンを打《う》ち負《ま》かしました。このAIは、クイズの問題文《もんだいぶん》を理解《りかい》し、膨大《ぼうだい》なデータから適切《てきせつ》な答《こた》えを選《えら》び、答《こた》えることができました。

第二次《だいにじ》AIブーム後《ご》の主《おも》なできごと

2011年《ねん》
IBM《アイビーエム》が開発《かいはつ》したWatson《ワトソン》というAIが、アメリカのクイズ番組《ばんぐみ》で2人のチャンピオンに勝利《しょうり》する。

1997年《ねん》
IBM《アイビーエム》が開発《かいはつ》したDeep Blue《ディープ ブルー》というAIが、チェスの世界《せかい》チャンピオンに勝利《しょうり》する。

04 第《だい》三《さん》次《じ》AIブーム

第《だい》三《さん》次《じ》AIブームの立役者《たてやくしゃ》は「ディープラーニング」

3回目《かいめ》のAIブームは、21世紀初《せいきはじ》めに起《お》こります。第二次《だいにじ》AIブームで課題《かだい》の一《ひと》つだった「開発《かいはつ》のために人間《にんげん》が大量《たいりょう》の知識《ちしき》を人間《にんげん》から抽出《ちゅうしゅつ》し、AIにそれらのデータを入力《にゅうりょく》しなければならない」という問題《もんだい》に解決《かいけつ》の糸口《いとぐち》を与《あた》えたのが、**「ディープラーニング」という手法《しゅほう》**でした。

2012年《ねん》、コンピュータによる画像《がぞう》認識《にんしき》の正確《せいかく》さを競《きそ》う国際《こくさい》コンテストがありました。画像認識《がぞうにんしき》とは、与《あた》えられた画《が》像《ぞう》を見《み》て、その中《なか》に何《なに》が写《うつ》っているかを理解《りかい》しようとする能力《のうりょく》です。これは、人《にん》間《げん》が目《め》で見《み》た画像《がぞう》を認識《にんしき》し、物体《ぶったい》やパターンを識別《しきべつ》する能力《のうりょく》に似《に》ています。このコンテストで、機械学習《きかいがくしゅう》の一種《いっしゅ》であるディープラーニングという手法《しゅほう》を用《もち》いたチームが圧勝《あっしょう》しました。

同《おな》じく2012年《ねん》、YouTube《ユーチューブ》から取《と》り出《だ》した一千万枚《いっせんまんまい》の静止画像《せいしがぞう》をAIに見《み》せ続《つづ》けて学習《がくしゅう》させた結果《けっか》、ネコの画《が》像《ぞう》をネコ、ほかのものをほかのものと認《にん》識《しき》できるようになったとGoogle《グーグル》が発表《はっぴょう》しました。このAIもディープラーニングという手法《しゅほう》によるものでした。

ディープラーニングは、どの特徴《とくちょう》に注《ちゅう》意《い》して学習《がくしゅう》すべきかをAIが自動的《じどうてき》に見《み》つけ出《だ》し学習《がくしゅう》できるのが強《つよ》みです。人間《にんげん》が教《おし》えなくてもAIが効率的《こうりつてき》に学習《がくしゅう》できるしくみであるディープラーニングは、大《おお》きな期待《きたい》を集《あつ》めることになりました。

この**第三次《だいさんじ》AIブームが続《つづ》いている現在《げんざい》、世間《せけん》をにぎわせるAIは、そのほとんどがこのディープラーニング登場以降《とうじょういこう》のものです。**

ディープラーニングとは？

AIを実現《じつげん》する「ニューラルネットワーク」は、人間《にんげん》の脳《のう》のニューロンが情報《じょうほう》を伝達《でんたつ》する方法《ほうほう》をまねた学習《がくしゅう》のしくみです。ニューロン間《かん》の「繋《つな》がりの重《おも》み」を変化《へんか》させることで、人間《にんげん》の手《て》を借《か》りずに正《ただ》しい認識《にんしき》に近《ちか》づけます。ディープラーニングは、このニューラルネットワークの層《そう》を深《ふか》く積《つ》み重《かさ》ねた構造《こうぞう》を持《も》ちます。層《そう》を増《ふ》やすことで、複雑《ふくざつ》なパターンをより正確《せいかく》に捉《とら》え、性《せい》能《のう》が飛躍的《ひやくてき》に向上《こうじょう》しました。

ニューラルネットワーク

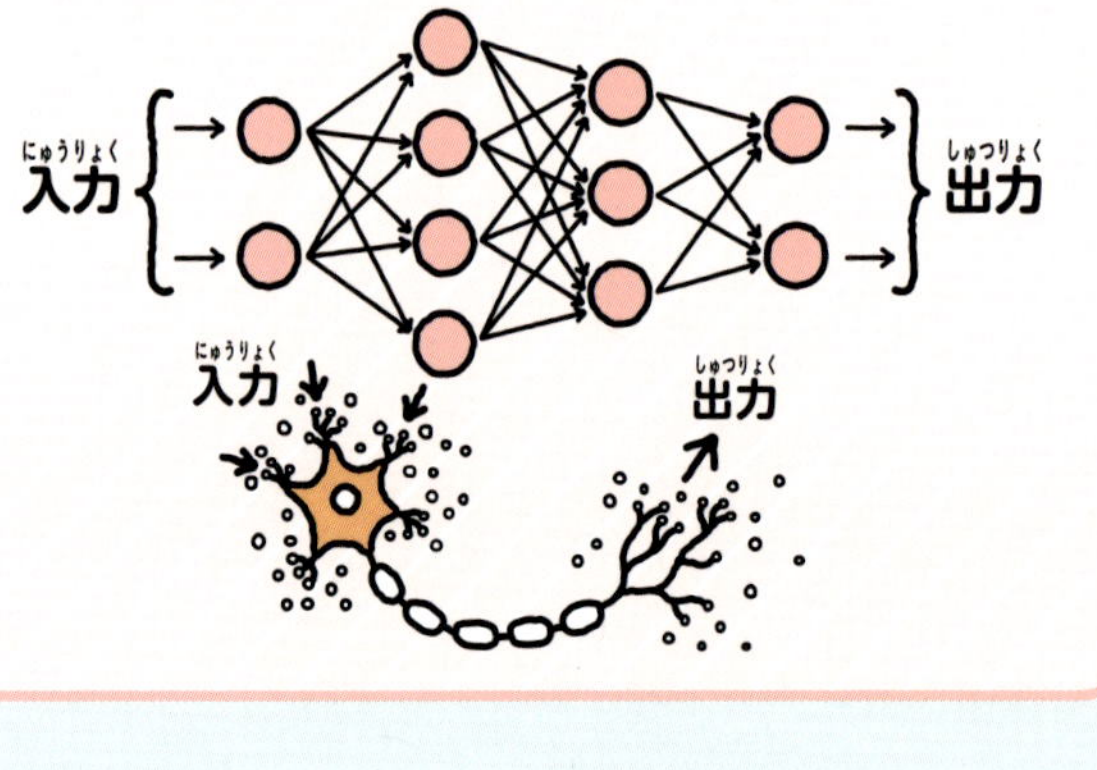

第三次《だいさんじ》AIブーム

Alpha《アルファ》 Go《ゴ》

2015年《ねん》

アルファ碁《ご》というAIが囲碁《いご》のヨーロッパチャンピオンに勝利《しょうり》。

Super《スーパー》 Vision《ヴィジョン》

2012年《ねん》

画像認識《がぞうにんしき》の国際《こくさい》コンテストで、ディープラーニングの手法《しゅほう》を用《もち》いたトロント大学《だいがく》のチームが優勝《ゆうしょう》。ほかのチームのエラー率約《りつやく》26%に対《たい》し、エラー率《りつ》17%未満《みまん》と圧倒的《あっとうてき》な正確《せいかく》さだった。

Google《グーグル》 Duplex《デュープレックス》

2018年《ねん》

Google《グーグル》 Duplex《デュープレックス》というAIアシスタントが誕生《たんじょう》。音声《おんせい》による会話《かいわ》で、予約《よやく》などの操作《そうさ》ができる。

Google《グーグル》 Brain《ブレイン》

2012年《ねん》

Google《グーグル》がネコの画像《がぞう》をネコだと人間《にんげん》が教《おし》えることなく識別《しきべつ》できるAIを開発《かいはつ》。

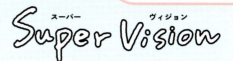

第三次《だいさんじ》ＡＩブームを支《ささ》える「ビッグデータ」とは？

　ここまで見《み》てきたように、ディープラーニングによって学習《がくしゅう》のしくみが強力《きょうりょく》になりました。**ＡＩは「ビッグデータ」と組《く》み合《あ》わせることでさらに可能性《かのうせい》が広《ひろ》がると考《かんが》えられています。**

　ディープラーニングによってＡＩに学《がく》習《しゅう》させるには、たくさんの学習用《がくしゅうよう》データが必要《ひつよう》です。例《たと》えば、手書《てが》きの数字《すうじ》を認《にん》識《しき》するＡＩには手書《てが》き文字《もじ》６万枚《まんまい》、顔《かお》の認識《にんしき》ならば顔写真《かおじゃしん》を数十万枚《すうじゅうまんまい》が必要《ひつよう》になります。

　そこで「ビッグデータ」、すなわちインターネットを介《かい》して集《あつ》められた膨大《ぼうだい》なデジタルデータが注目《ちゅうもく》されました。人間《にんげん》が時間《じかん》をかけて学習素材《がくしゅうそざい》を集《あつ》めたり入力《にゅうりょく》したりしなくても、**世界中《せかいじゅう》の人《ひと》がインターネット上《じょう》に置《お》いている情報《じょうほう》をかき集《あつ》めてお手本《てほん》にし、数十万《すうじゅうまん》のデータから学《まな》べる状況《じょうきょう》ができていたのです。**センサー技《ぎ》術《じゅつ》が進歩《しんぽ》し、それらがインターネットに接続《せつぞく》されるＩｏＴ《アイオーティー》化《か》によって、さまざまなデータをリアルタイムで収集《しゅうしゅう》することができるようになったことも、ビッグデータの発展《はってん》に影響《えいきょう》を与《あた》えました。

ビッグデータ

アプリの利用履歴《りようりれき》、SNS《エスエヌエス》の会話《かいわ》、移動履歴《いどうりれき》、センサーやIoT《アイオーティー》機器《きき》から取得《しゅとく》したデータなど、インターネットを介《かい》して膨大《ぼうだい》で多様《たよう》な情報《じょうほう》を集《あつ》めることが可能《かのう》になりました。

思《おも》い出《だ》してください。第二次《だいにじ》ＡＩブームを生《う》んだエキスパートシステムの欠点《けってん》は、ＡＩに膨大《ぼうだい》なデータを入力《にゅうりょく》して教《おし》えるのが大変《たいへん》だということや、人間《にんげん》が正解《せいかい》を知《し》っている範囲《はんい》でしか役《やく》に立《た》たないということでした。この壁《かべ》を打《う》ち破《やぶ》ったのが、ディープラーニングという手法《しゅほう》を用《もち》いた現在《げんざい》のＡＩです。

今《いま》はスマートフォンが世界中《せかいじゅう》に普及《ふきゅう》し、世界中《せかいじゅう》の人々《ひとびと》が文字《もじ》・音声《おんせい》・動画《どうが》・位置《いち》などの情報《じょうほう》をインターネット上《じょう》にあげ続《つづ》けています。人間《にんげん》が把握《はあく》しきれないほど膨大《ぼうだい》なビッグデータを活用《かつよう》することで、さらに驚《おどろ》くようなＡＩが生《う》まれるかもしれないと期待《きたい》されています。

一方《いっぽう》、ＡＩの性能《せいのう》が飛躍的《ひやくてき》に高《たか》まったことで、**良質《りょうしつ》な学習《がくしゅう》データの収集方法《しゅうしゅうほうほう》や、インターネット上《じょう》のデータを無断《むだん》で学習《がくしゅう》に使《つか》うことが許《ゆる》されるのかといった議論《ぎろん》も進《すす》んでいます。**

ビッグデータとAIで何《なに》ができる？

例《れい》：観光地《かんこうち》の来客予測《らいきゃくよそく》

ある観光地《かんこうち》の食堂《しょくどう》では、AIによってビッグデータを分析《ぶんせき》することで、お客《きゃく》さんの数《かず》やその特徴《とくちょう》の予測《よそく》ができるようになりました。

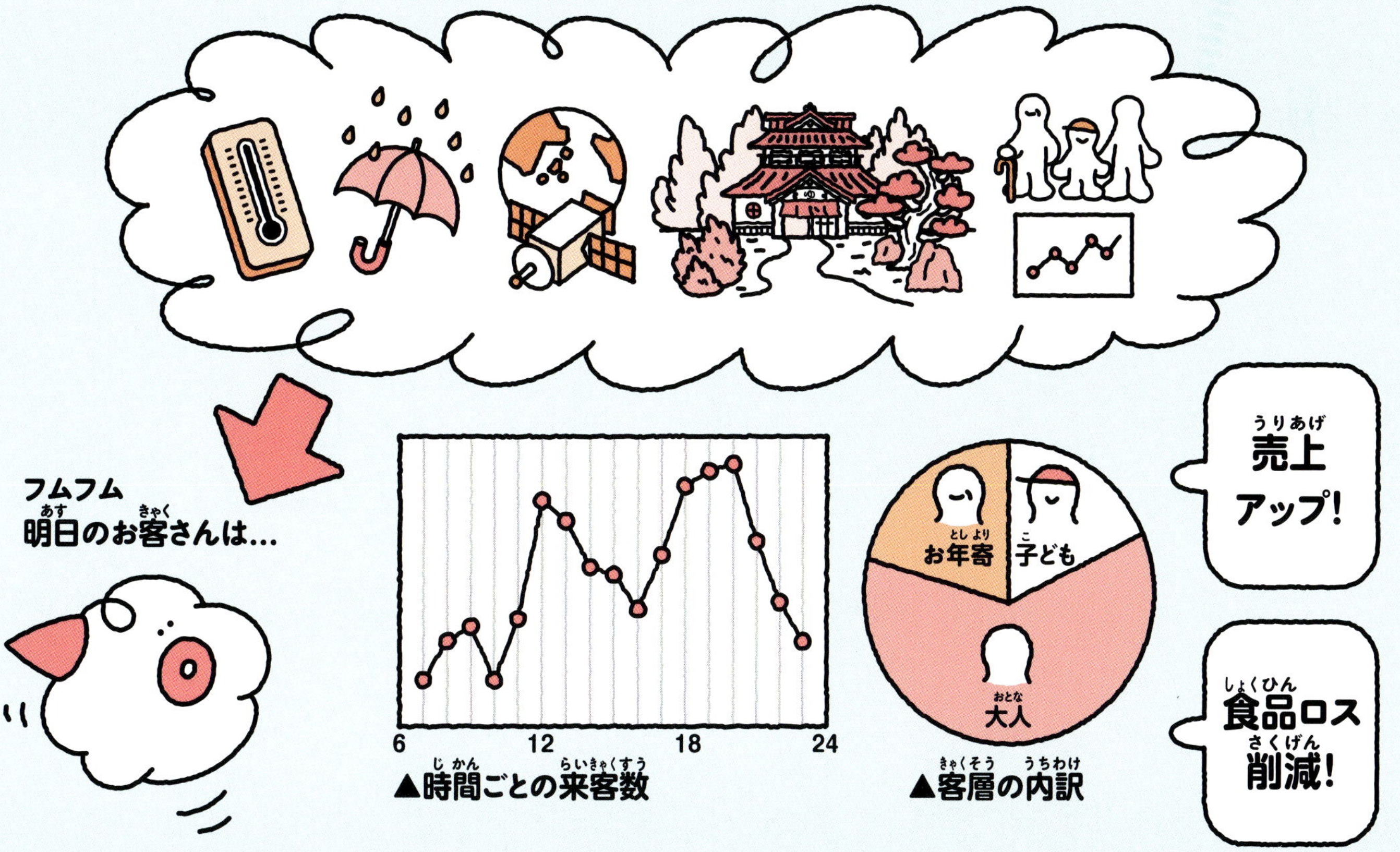
フムフム
明日《あす》のお客《きゃく》さんは…
6
12
18
24
お年寄《としより》
子《こ》ども
大人《おとな》
売上《うりあげ》アップ!
食品《しょくひん》ロス削減《さくげん》!
▲時間《じかん》ごとの来客数《らいきゃくすう》
▲客層《きゃくそう》の内訳《うちわけ》

05 体験《たい》験《けん》してみよう！ＡＩの働《はたら》き

**まずは動《うご》かして
ＡＩの働《はたら》きを
ゆっくりながめてみよう**

なにごとも体験《たいけん》が大切《たいせつ》。ここで、**ＡＩが自分《じぶん》で学《まな》んで結果《けっか》を導《みちび》くまでの過程《かてい》を実際《じっさい》に体験《たいけん》してみましょう。**ここでは教育《きょういく》でもよく使《つか》われるプログラミング言語《げんご》Ｓｃｒａｔｃｈ《スクラッチ》を使《つか》って、ごくシンプルなニューラルネットワークと機械学習《きかいがくしゅう》の一部《いちぶ》を再現《さいげん》しています。

下《した》の説明《せつめい》にしたがってＳｃｒａｔｃｈ《スクラッチ》のウェブサイトに行《い》き、プロジェクトを実行《じっこう》してみてください。プロジェクトを実行《じっこう》すると、たくさんの車《くるま》がコースの上《うえ》を何度《なんど》も走《はし》ります。これらは、ニューラルネットワークで学《まな》びながら自動《じどう》で走《はし》るＡＩ車《しゃ》です。ＡＩ車《しゃ》はコース外《がい》に出《で》ると失敗《しっぱい》、消《き》えてしまいますが、何度《なんど》も失敗《しっぱい》を繰《く》り返《かえ》すうちに、だんだん運転《うんてん》が上手《じょうず》になっていくのがわかるはずです。

すべてのＡＩ車《しゃ》が失敗《しっぱい》してやり直《なお》しになるたびに画面右下《がめんみぎした》のテスト回数《かいすう》は増《ふ》え

Scratch《スクラッチ》ゲームの遊《あそ》び方《かた》

①プロジェクトを実行《じっこう》

左《ひだり》の二次元《にじげん》コードかURL《ユーアールエル》から、ウェブサイトにアクセスしてください。学研《がっけん》アカウントのScratch《スクラッチ》プロジェクトが起動《きどう》できます。

https://gakken-ep.jp/rd/h1450142900/01.html

プロジェクト画面《がめん》の緑《みどり》の旗《はた》を押《お》します。

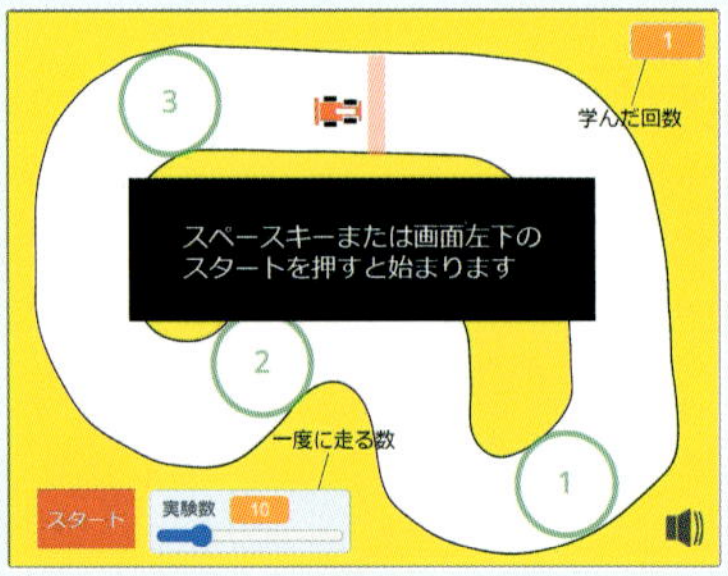

スタートボタンを押《お》すとプロジェクトが動《うご》き出《だ》します。

②10台《だい》のAI車《しゃ》が走《はし》り出《だ》す！

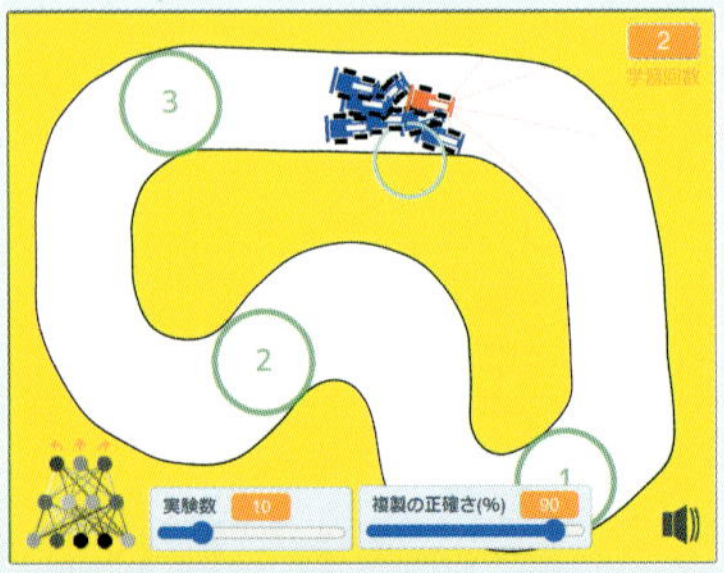

AI車《しゃ》が自動《じどう》で運転技術《うんてんぎじゅつ》を学《まな》びます。何度《なんど》も壁《かべ》にぶつかりながらだんだん学習《がくしゅう》し、上手《じょうず》に走《はし》るようになります。

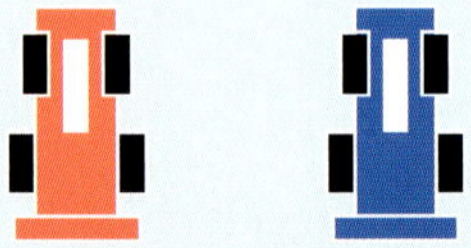

赤《あか》い車《くるま》
１回前《かいまえ》のテストで、もっとも成績《せいせき》が良《よ》かった車《くるま》のコピー

青《あお》い車《くるま》
それ以外《いがい》の車《くるま》

ていきます。いったい何回目《なんかいめ》のテストで、コースを一周《いっしゅう》できるようになるでしょうか？

しばらく観察《かんさつ》してみよう

AIの試行錯誤《しこうさくご》を観察《かんさつ》しましょう。何回《なんかい》のテストでコースを１周《しゅう》できるようになるかは、わかりません。早《はや》ければ50回《かい》、遅《おそ》いと200回以上《かいいじょう》かかることもあります。特《とく》に２つ目《め》のチェックポイントを越《こ》えるのが大変《たいへん》で、そこを越《こ》えればゴールは一気《いっき》に近《ちか》づきます。

③プロジェクト画面《がめん》の見方《みかた》

チェックポイント
３つあるチェックポイントをすべて通《とお》れば１周《しゅう》！

テスト回数《かいすう》
すべての車《くるま》が消《き》えると次《つぎ》のテストが始《はじ》まる。

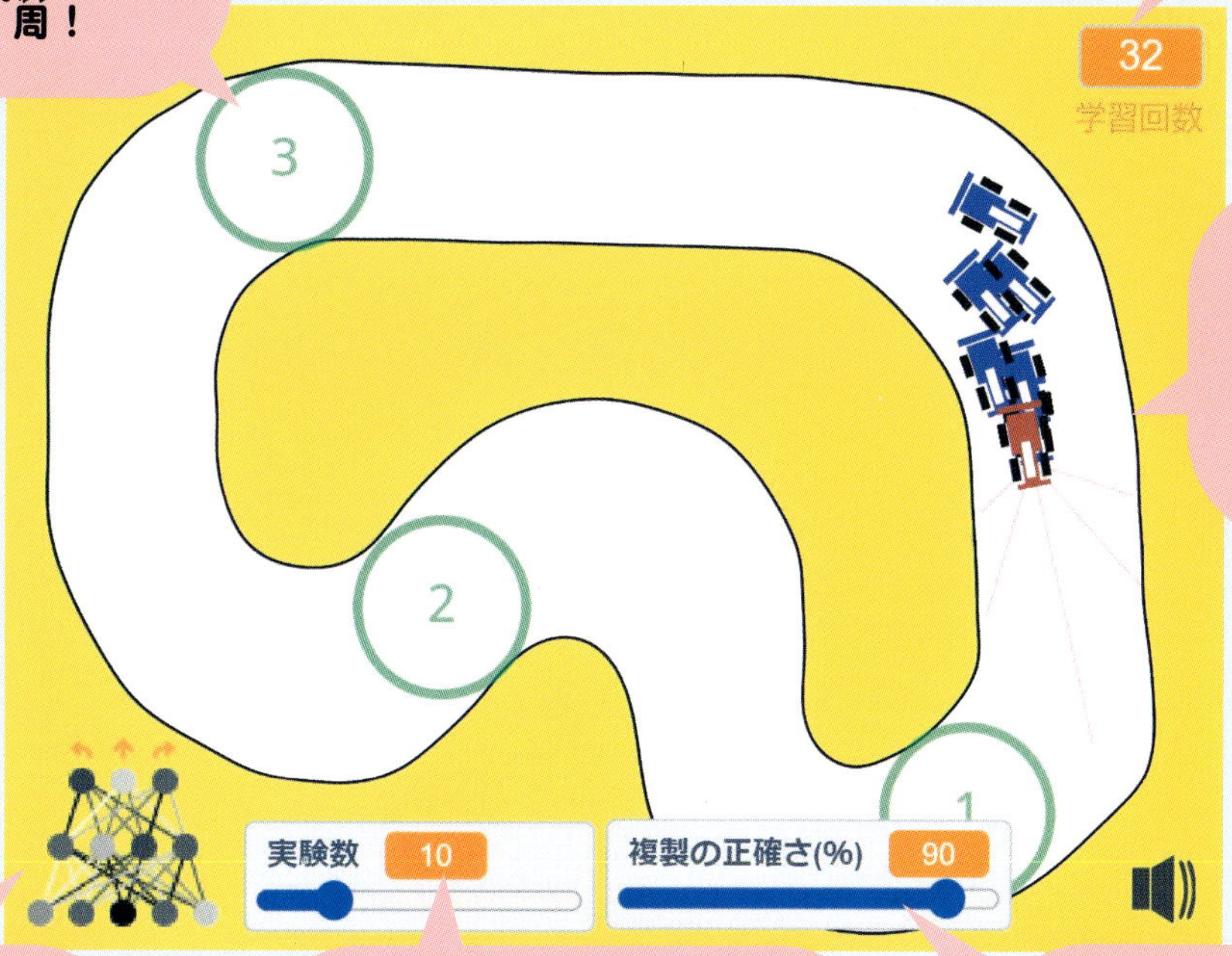

センサー
５方向《ほうこう》にのびている。壁《かべ》に近《ちか》いほど強《つよ》い刺激《しげき》を感知《かんち》する。

AIのニューラルネットワーク
赤《あか》い車《くるま》の働《はたら》きを表示《ひょうじ》している。

実験数《じっけんすう》
一度《いちど》のテストに走《はし》る車《くるま》の数《かず》。使《つか》っているパソコンによっては、数《かず》を増《ふ》やしすぎると動《うご》きが悪《わる》くなるので要注意《ようちゅうい》。

複製《ふくせい》の正確《せいかく》さ
前《まえ》のテストのときの車《くるま》の運転技術《うんてんぎじゅつ》をどの程度《ていど》受《う》け継《つ》ぐかを表《あらわ》す指標《しひょう》。数字《すうじ》が小《ちい》さくなるほど、次《つぎ》のテストでの変化《へんか》が大《おお》きくなる。

AI車《しゃ》のニューラルネットワークの中身《なかみ》

このプロジェクトのAI車《しゃ》は、前方《ぜんぽう》5方向《ほうこう》のセンサーで壁《かべ》の近《ちか》さを感知《かんち》し、その測定数値《そくていすうち》の組《く》み合《あ》わせと計算結果《けいさんけっか》から動《うご》き方《かた》を決定《けってい》します。
ニューラルネットワークでは、入力《にゅうりょく》と出力《しゅつりょく》の間《あいだ》に複数《ふくすう》の層《そう》が存在《そんざい》します。入力《にゅうりょく》データは重《おも》み付《づ》けされた接続《せつぞく》を経由《けいゆ》して層《そう》を通過《つうか》し、相互《そうご》に影響《えいきょう》し合《あ》って出力《しゅつりょく》します。訓練《くんれん》データによって重《おも》み付《づ》けが調整《ちょうせい》され、これによってネットワークが学習《がくしゅう》し、出力《しゅつりょく》の精度《せいど》が向上《こうじょう》します。

コースをまわったAI車《しゃ》の計算例《けいさんれい》

0.01, −0.98, −0.59

0.71, −0.69, 0.97, −0.63,
0.65, 0.07, −0.71, 0.0,
0.39, 0.98, −0.8, 0.36

0.08, 0.85, −0.17, −0.16

0.38, −0.17, 0.46, −0.88, −0.08,
0.8, 0.84, −0.84, 0.03, −0.57,
−0.2, −0.28, 0.97, 0.91, 0.82,
0.54, 0.89, 0.66, −0.77, 0.66

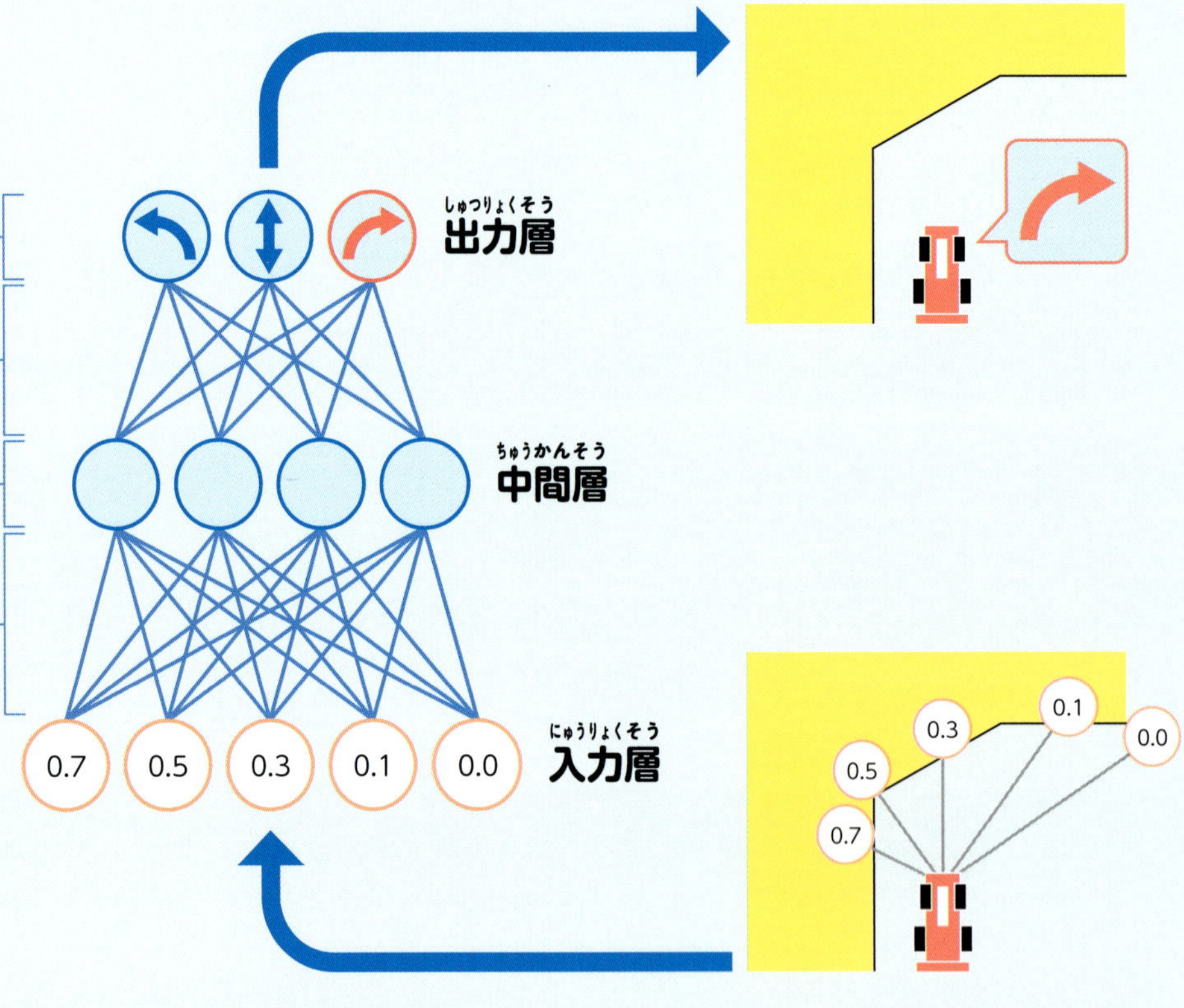

AI車《しゃ》はどのように学習《がくしゅう》している？

Scratch《スクラッチ》のAI車《しゃ》はコースをまわれましたか？　まだでしたら、AI車《しゃ》を走《はし》らせたまま、この本《ほん》を読《よ》み進《すす》めてください。

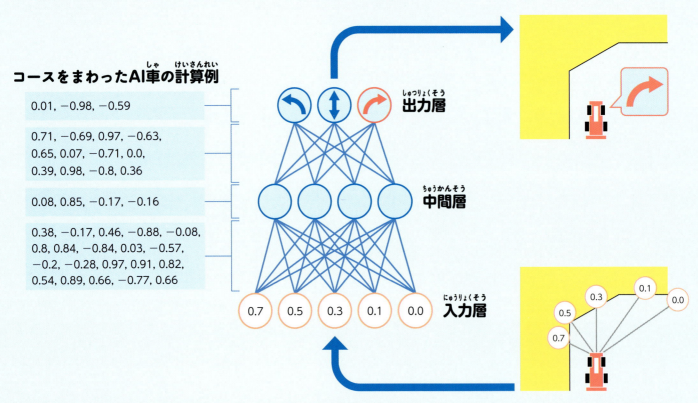

このプロジェクトでは、AI車《しゃ》は5方向《ほうこう》を感知《かんち》できるセンサーで壁《かべ》の位置《いち》を知《し》ります。壁《かべ》が近《ちか》いほど、AI車《しゃ》はより強《つよ》い信号《しんごう》を感《かん》じ取《と》ります。そして、その信号《しんごう》にどう反応《はんのう》するかは、**ニューラルネットワークという脳《のう》のしくみを模《も》した計算《けいさん》方法《ほうほう》で決《き》められます。**

このAI車《しゃ》の学習方法《がくしゅうほうほう》は、複雑《ふくざつ》なディープラーニングではなく、もっとシンプルです。たくさんのAI車《しゃ》を走《はし》らせて、少《すこ》しでもうまくいった車《くるま》の動《うご》きをコピーして、それを繰《く》り返《かえ》します。そうすることで、車自身《くるまじしん》がベストな動《うご》きを見《み》つけ出《だ》し、学《まな》んでいきます。

実際《じっさい》にAI車《しゃ》を走《はし》らせてみると、1つ目《め》のチェックポイントはすぐに通過《つうか》できても、2つ目《め》を通過《つうか》するのに時間《じかん》がかかるはずです。それは、AI車《しゃ》は最初《さいしょ》のカーブで「前方《ぜんぽう》に壁《かべ》を感《かん》じたら右《みぎ》に曲《ま》がればいい」と学《まな》んだのに、2つ目《め》のチェックポイントに到達《とうたつ》するには「左《ひだり》に曲《ま》が

別《べつ》タイプのAIゲームと比《くら》べてみよう

右《みぎ》の二次元《にじげん》コードかURL《ユーアールエル》から、もう一《ひと》つのAI車《しゃ》のプロジェクトでも遊《あそ》んでみましょう。こちらはエキスパートシステムのAIに似《に》た性質《せいしつ》で、人間《にんげん》が具体的《ぐたいてき》な動《うご》き方《かた》をプログラミングして働《はたら》きます。

https://gakken-ep.jp/rd/h1450142900/02.html

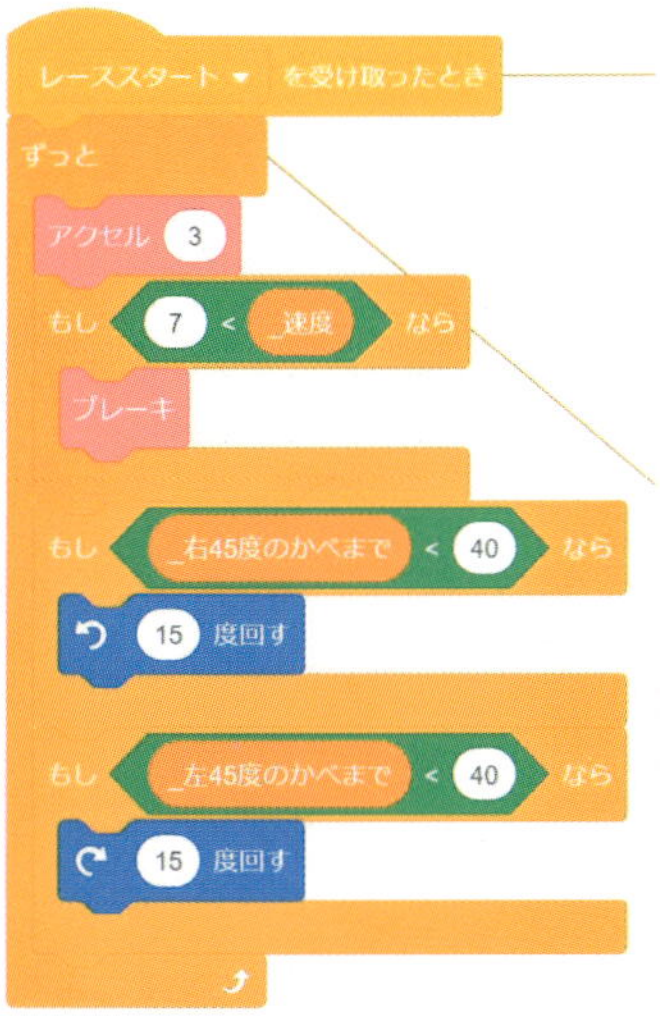

左《ひだり》は見本《みほん》で入《はい》っているプログラムです。上《うえ》から順番《じゅんばん》に命令《めいれい》が実《じっ》行《こう》されるので、プログラムの読《よ》み方《かた》がわかれば、このAIがどのような判断《はんだん》で動《うご》いているのか理解《りかい》できます。一方《いっぽう》で、想定《そうてい》されていない事態《じたい》に出会《であ》うとおかしなふるまいになってしまう側《そく》面《めん》もあります。

右《みぎ》の図《ず》と数値《すうち》を見《み》ても
どんな判断《はんだん》で運転《うんてん》するのか、
人間《にんげん》には
ほぼ何《なに》も
わからない！
のが特徴《とくちょう》です。

る」という新《あたら》しいルールを学《まな》ぶ必要《ひつよう》があるからです。でも、この難関《なんかん》を越《こ》えると、右《みぎ》にも左《ひだり》にも上手《じょうず》に曲《ま》がれるようになるでしょう。

このプロジェクトでは、センサーからの情報《じょうほう》を数字《すうじ》に変《か》えて、その数字《すうじ》を使《つか》って、車《くるま》が曲《ま》がる角度《かくど》やスピードを調整《ちょうせい》します。p50の図《ず》はその一例《いちれい》です。この数《すう》字《じ》の組《く》み合《あ》わせが、車《くるま》がどう動《うご》くかを決《き》める秘密《ひみつ》のレシピなのです。

しかし、**この説明《せつめい》を聞《き》いても、中身《なかみ》を見《み》ても「さっぱり意味《いみ》がわからない！」と感《かん》じるかもしれませんね。安心《あんしん》してください、それがこの話《はなし》のポイントです。**

ニューラルネットワーク型《がた》のAIは、外《そと》の情報《じょうほう》や自分《じぶん》の状態《じょうたい》など、さまざまな情報《じょうほう》を数字《すうじ》に置《お》き換《か》え、たくさんの計算《けいさん》を試《ため》しながら良《よ》い結果《けっか》が出《で》る計算方法《けいさんほうほう》を見《み》つけるように学《まな》びます。

AI車《しゃ》がきちんと動《うご》いているように見《み》えても、人間《にんげん》から見《み》るとまったく意味《いみ》のわからない計算方法《けいさんほうほう》なので、なぜそう動《うご》くのかを完全《かんぜん》に理解《りかい》するのは難《むずか》しいでしょう。時々《ときどき》、想定外《そうていがい》のことをしてしまうこともあります。**これは、人間《にんげん》の脳《のう》をまねたAIが直面《ちょくめん》する課題《かだい》の一《ひと》つで、「ブラックボックス問題《もんだい》」とも呼《よ》ばれています。**

06 AIが投《な》げかける問《と》い

ブラックボックスのままどんどん性能《せいのう》を上《あ》げるAI

現在《げんざい》のAIブームをつくったディープラーニングについて、少《すこ》しくわしく見《み》てきました。Ｓｃｒａｔｃｈ《スクラッチ》を使《つか》って、AIが機械学習《きかいがくしゅう》でどんどん賢《かしこ》くなるようすを体験《たいけん》し、そうして賢《かしこ》くなった**AIの学《がく》習内容《しゅうないよう》が、人間《にんげん》にはまったく理解《りかい》しがたい**ことも知《し》りました。

文章《ぶんしょう》を生《う》み出《だ》せるAIや、さまざまな画像《がぞう》を生《う》み出《だ》せるAIなど、最近《さいきん》の話題《わだい》になっているAIのほとんどはディープラーニングが使《つか》われています。それらのAIは、私《わたし》たちがＳｃｒａｔｃｈ《スクラッチ》で体験《たいけん》した人工《じんこう》ニューロンを何百万倍《なんびゃくまんばい》にもつないで、途方《とほう》もない回数《かいすう》の学習《がくしゅう》を重《かさ》ねてつくられています。

またロボットのように現実《げんじつ》の体《からだ》を持《も》つAIの研究《けんきゅう》や、私《わたし》たちがよく学《まな》べるように成績《せいせき》を分析《ぶんせき》してカリキュラムをつくる

CATFOOD
ネコ用
95%の確率《かくりつ》でネコ!
なんで?

AIのブラックボックス問題《もんだい》

AIは人間《にんげん》の脳《のう》の働《はたら》きをまねているにもかかわらず、私《わたし》たち人間《にんげん》がその行動《こうどう》や判断《はんだん》をくわしく理解《りかい》するのは困難《こんなん》です。

ココ?
ココ?
ココ?
ココ?
ココ?
ココ?
CATFOOD
ネコ用
ヒミツ
どこを見《み》て判断《はんだん》したんだろう…

例《たと》えば、AIがネコの画像《がぞう》をネコだと正《ただ》しく識別《しきべつ》できたとしても、AIが画像《がぞう》のどの部分《ぶぶん》を見《み》てネコだと認識《にんしき》したのか――耳《みみ》の形《かたち》なのか、やわらかい毛並《けな》みなのか、顔《かお》のつくりなのか――はっきりしません。

ＡＩなど、画面《がめん》の中《なか》に収《おさ》まらない形《かたち》で、応用分野《おうようぶんや》をどんどん広《ひろ》げていることは第《だい》1章《しょう》でも見《み》てきました。

こうした現在《げんざい》の応用技術《おうようぎじゅつ》は「文章《ぶんしょう》を、画像《がぞう》を」などと書《か》いたように、与《あた》えられた特定《とくてい》の課題《かだい》に対《たい》して働《はたら》くＡＩが中心《ちゅうしん》です。**人間《にんげん》のように、課題《かだい》そのものを自《みずか》ら見《み》つけて、その解《と》き方《かた》を考《かんが》えるＡＩはまだ実現《じつげん》していません。**

しかし、その進歩《しんぽ》スピードはすさまじく、**特定《とくてい》の問題《もんだい》について人間《にんげん》に肩《かた》を並《なら》べる、あるいは人間以上《にんげんいじょう》の結果《けっか》を出《だ》せるＡＩが生《う》まれるのも遠《とお》くないといわれています。**

知能《ちのう》とはいったい何《なん》なのでしょうか？数値《すうち》で満《み》たされたブラックボックスであるＡＩが、私《わたし》たちの「知能《ちのう》」と同《おな》じレベルに達《たっ》する、あるいはそれを超《こ》える可能《かのう》性《せい》があるというのは、具体的《ぐたいてき》にどういうことなのでしょうか？　**ＡＩ研究《けんきゅう》の出発《しゅっぱつ》点《てん》であるこの「知能《ちのう》」に関《かん》する問《と》いが、再《ふたた》び強《つよ》く問《と》われています。**

AIのブラックボックス化《か》——何《なに》が問題《もんだい》？

AIがどうやって判断《はんだん》しているのかわからないと、誤《あやま》った結果《けっか》を出《だ》しても、どこで間違《まちが》ったか気《き》づけません。そのため、AIがどんなふうに結論《けつろん》に達《たっ》したのかを説明《せつめい》する方法《ほうほう》や、入力《にゅうりょく》データから予測《よそく》を立《た》ててその結果《けっか》をチェックする方法《ほうほう》が研究《けんきゅう》されています。

この章のまとめ

AIの働《はたら》きを理解《りかい》するために、「知能《ちのう》とは何《なに》か」という問《と》いから始《はじ》め、AIの歴史《れきし》をたどってみましょう。 p36-37

コンピュータの登場《とうじょう》によって、知能的《ちのうてき》に働《はたら》くものを「作《つく》ってみる」という研究《けんきゅう》が可能《かのう》になりました。 p36-37

1956年《ねん》の「ダートマス会議《かいぎ》」で初《はじ》めてAIという言葉《ことば》が使《つか》われて、本格的《ほんかくてき》な研究《けんきゅう》が始《はじ》まりました。 p36-37

第一次《だいいちじ》AIブームは、1950年代後半《ねんだいこうはん》から1960年代《ねんだい》にかけてでした。このときに主《おも》に研究《けんきゅう》されたのは「推論《すいろん》」と「探索《たんさく》」です。 p38-39

第一次《だいいちじ》ブームのAIは単純《たんじゅん》な問題《もんだい》しか解《と》けず社会《しゃかい》の複雑《ふくざつ》な問題《もんだい》には対応《たいおう》できませんでした。 p38-39

第一次《だいいちじ》AIブームはすぐに終《お》わりましたが、1960年代《ねんだい》に現代《げんだい》につながる重要《じゅうよう》な技術《ぎじゅつ》が生《う》まれました。その1つが次《つぎ》のブームで主役《しゅやく》となるエキスパート（専門家《せんもんか》）システムです。 p40-41

第二次《だいにじ》AIブームは1980年代《ねんだい》でした。コンピュータの性能《せいのう》が向上《こうじょう》したことで、専門的《せんもんてき》な情報《じょうほう》をたくさん扱《あつか》えるエキスパートシステムが活躍《かつやく》しました。 p42-43

エキスパートシステムは、たくさんのデータ入力《にゅうりょく》が大変《たいへん》なうえ、うまく扱《あつか》える問題《もんだい》が限《かぎ》られていたために、再《ふたた》び社会《しゃかい》の関心《かんしん》は薄《うす》れていきました。 p42-43

第三次《だいさんじ》のAIブームは21世紀初《せいきはじ》めでした。「ディープラーニング」と呼《よ》ばれる新《あたら》しい機械学習《きかいがくしゅう》の登場《とうじょう》がきっかけです。 p44-45

ディープラーニングの強《つよ》みは、多数《たすう》のデータから「どんな特徴《とくちょう》に注意《ちゅうい》して学習《がくしゅう》すべきか」を、AI自身《じしん》が探《さが》して学習《がくしゅう》できることです。 p44-45

現在《げんざい》はこの第三次《だいさんじ》AIブームの最中《さいちゅう》であり、世間《せけん》をにぎわせているAIのほとんどがディープラーニングの応用技術《おうようぎじゅつ》です。 p44-45

ディープラーニングの性能《せいのう》を支《ささ》えるのは膨大《ぼうだい》な学習素材《がくしゅうそざい》となる「ビッグデータ」です。ビッグデータは、インターネットに集《あつ》められた膨大《ぼうだい》なデジタルデータのことです。 p46-47

スマートフォンやIoT《アイオーティー》の普及《ふきゅう》によって世界中《せかいじゅう》の人《ひと》がインターネットに情報《じょうほう》を蓄積《ちくせき》し、機械学習《きかいがくしゅう》に使《つか》えるデータが膨大《ぼうだい》に存在《そんざい》する状況《じょうきょう》ができていました。 p46-47

AIの性能《せいのう》が飛躍的《ひやくてき》に高《たか》まった一方《いっぽう》で、インターネット上《じょう》のデータを無断《むだん》で機械学習《きかいがくしゅう》に使《つか》っていいのかという議論《ぎろん》も始《はじ》まりました。 p46-47

ここで、本書《ほんしょ》ではScratch《スクラッチ》を用《もち》いてAIが自分《じぶん》で学《まな》んで結果《けっか》を導《みちび》く過程《かてい》を実際《じっさい》に体験《たいけん》して学《まな》ぶことができます。 p48-49

体験《たいけん》する「ニューラルネットワーク技術《ぎじゅつ》」は人間《にんげん》の脳《のう》の働《はたら》きをまねした機械学習《きかいがくしゅう》のしくみで、ディープラーニングの基本要素《きほんようそ》です。 p48-49

Scratch《スクラッチ》のプロジェクトを実行《じっこう》すると、車《くるま》がコースを走《はし》るゲームの中《なか》でAIが車《くるま》の運転《うんてん》を学《まな》んでいきます。 p48-49

プロジェクトをしばらく実行《じっこう》すると、コースをうまく走《はし》れるAI車《しゃ》が登場《とうじょう》します。しかしAIの中身《なかみ》は数字《すうじ》の組《く》み合《あ》わせなので、人間《にんげん》がそれを見《み》ても、なぜうまく動《うご》くのか理解《りかい》するのは難《むずか》しくなっています。 p50-51

ディープラーニングをふくむニューラルネットワーク技術《ぎじゅつ》を用《もち》いたAIの課題《かだい》の一《ひと》つに「ブラックボックス問題《もんだい》」があります。 p50-51

最近《さいきん》の話題《わだい》になっているAIのほとんどはディープラーニングが応用《おうよう》されています。 p52-53

特定《とくてい》の問題《もんだい》では人間《にんげん》をしのぐまでに進歩《しんぽ》しているAIですが、ブラックボックスという問題《もんだい》を抱《かか》えています。現在《げんざい》、これを解決《かいけつ》するための取《と》り組《く》みが始《はじ》まっています。 p52-53

知能《ちのう》とは一体何《いったいなに》なのか。AI研究《けんきゅう》の出発点《しゅっぱつてん》となった問《と》いが今《いま》、再《ふたた》び強《つよ》く問《と》われています。 p52-53

第3章

AI《エーアイ》のリスクを知《し》ろう

01 AIはいつも正《ただ》しいとは限《かぎ》らない

現在《げんざい》のAIの結果《けっか》は統計的《とうけいてき》な分析《ぶんせき》にすぎない

私《わたし》たちの生活《せいかつ》ですでに活躍《かつやく》しているAIですが、いつでも正《ただ》しく働《はたら》くとは限《かぎ》りません。**AIが間違《まちが》った結果《けっか》を出《だ》してしまうこともあります。**

すでに見《み》てきたように、**AIの働《はたら》きは、統計的《とうけいてき》な分析《ぶんせき》が基本《きほん》**です。とにかくたくさんのデータを集《あつ》めて比《くら》べ、確率的《かくりつてき》にもっともらしい特徴《とくちょう》や組《く》み合《あ》わせを見《み》つけているというもの。ですから、**学習《がくしゅう》するデータの量《りょう》が不十分《ふじゅうぶん》だったり、データそのものに間違《まちが》いがふくまれていたりすると、適切《てきせつ》な結果《けっか》が出《だ》せないことがあります。**

加《くわ》えて、**学習《がくしゅう》させたAIが「適切《てきせつ》な結果《けっか》を出《だ》せるようになったかどうか」を見極《みきわ》めることの難《むずか》しさもあります。**学習《がくしゅう》させたAIにテストを行《おこな》えばその正答率《せいとうりつ》で性能《せいのう》を測《はか》ることができますが、このテス

原因《げんいん》1 学習《がくしゅう》のデータ不足《ぶそく》

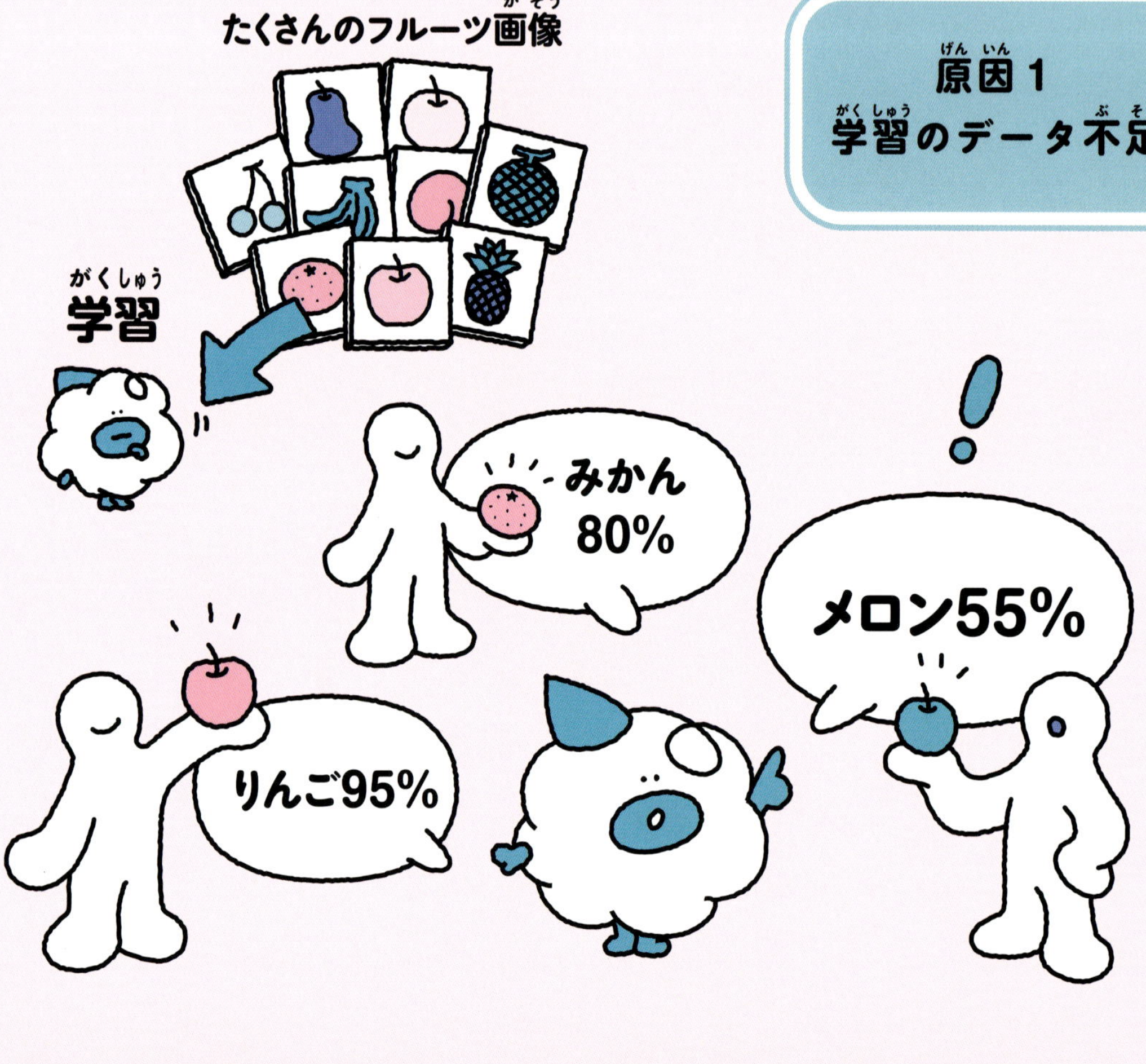
たくさんのフルーツ画像《がぞう》
学習《がくしゅう》
みかん80%
メロン55%
りんご95%

仮《かり》に、りんごの学習《がくしゅう》データとして赤《あか》いりんごしか与《あた》えなかった場合《ばあい》、そのAIモデルは黄緑《きみどり》のりんごをメロンと判断《はんだん》してしまう可能性《かのうせい》があります。

トの問題数《もんだいすう》や内容《ないよう》が不十分《ふじゅうぶん》だと「たまたまテストはうまくいったけど、実際《じっさい》に使《つか》ったら全然《ぜんぜん》ダメだった」ということも起《お》こりかねません。この問題《もんだい》は、学習《がくしゅう》したAIがどんな手順《てじゅん》で結論《けつろん》を導《みちび》いているのか「ブラックボックス」でわかりづらいという性質《せいしつ》のために、いっそう深刻《しんこく》です。

間違《まちが》いがあったとしても「ネコの画像《がぞう》を見分《みわ》ける」くらいの仕事《しごと》であれば、笑《わら》い話《ばなし》で済《す》ませることができます。しかし、例《たと》えば自動運転車《じどううんてんしゃ》のAIであればどうでしょうか？　AIの誤《あやま》った判断《はんだん》によって、歩行者《ほこうしゃ》や乗員《じょういん》が命《いのち》を落《お》とす交通事故《こうつうじこ》が起《お》こったら大変《たいへん》です。そこで実際《じっさい》の自動運転車《じどううんてんしゃ》では、事故防止《じこぼうし》のための安全機構《あんぜんきこう》とプログラムが何重《なんじゅう》にもわたって設《もう》けられています。

私《わたし》たちがAIを利用《りよう》していく上《うえ》では、それが**どんなに優秀《ゆうしゅう》とされるAIであっても、間違《まちが》いを犯《おか》す可能性《かのうせい》はゼロではない**と考《かんが》えるべきでしょう。そして、もしも間違《まちが》いを犯《おか》した場合《ばあい》、その影響《えいきょう》をどうやって補《おぎな》うことができるのか、備《そな》えることが求《もと》められます。

原因《げんいん》2 予想外《よそうがい》な学習《がくしゅう》

ある画像認識《がぞうにんしき》AIに対《たい》して、画像内《がぞうない》の動物《どうぶつ》を「オオカミ」と答《こた》えるときに重視《じゅうし》する特徴《とくちょう》を調《しら》べました。すると意外《いがい》にも、「背景《はいけい》が雪景色《ゆきげしき》かどうか」を重視《じゅうし》して判断《はんだん》していることがわかりました。
出典《しゅってん》／“Why Should I Trust You?” Explaining the Predictions of Any Classifier（Marco Tulio Ribeiro, Sameer Singh, Carlos Guestrin: 2016)

AIが間違《まちが》えたら その責任《せきにん》は 誰《だれ》がとる？

それでは、**もしもAIが間違《まちが》いを犯《おか》してしまったときは、その責任《せきにん》は誰《だれ》がとるべきなのでしょうか？**

例《たと》えば、自動運転車《じどううんてんしゃ》が人《ひと》をひいてしまったら、責任《せきにん》は運転席《うんてんせき》に座《すわ》っていた人《ひと》でしょうか？　または自動運転《じどううんてん》のしくみをつくったメーカーでしょうか？　自動運《じどううん》転《てん》に関《かん》しては、かなり前《まえ》から法律《ほうりつ》の整備《せいび》をふくめた議論《ぎろん》が行《おこな》われてきました。この問題《もんだい》では、自動運転技術《じどううんてんぎじゅつ》をその内容《ないよう》でレベル分《わ》けして、レベルごとの責任者《せきにんしゃ》を取《と》り決《き》めたルールを整理《せいり》した上《うえ》で、それを盛《も》り込《こ》んだ法律《ほうりつ》の改正《かいせい》が進《すす》められています。

AIの責任《せきにん》に関《かん》する別《べつ》の議論《ぎろん》も見《み》てみましょう。アメリカの医師会《いしかい》では、診察《しんさつ》などでAIの利用《りよう》が広《ひろ》がる中《なか》、医療《いりょう》においてAIをどう利用《りよう》し、その責任《せきにん》をどう考《かんが》えるか、2018年《ねん》に話《はな》し合《あ》いが行《おこな》われました。その結果《けっか》、アメリカの医師会《いしかい》は医療《いりょう》を行《おこな》う上《うえ》ではAIを「人工《じんこう》の知《ち》能《のう》」ではなく、医療《いりょう》に関《かか》わる人間《にんげん》の活動《かつどう》や判断《はんだん》を「拡張《かくちょう》する機能《きのう》」だと位置付《いちづ》け、

AIの自動運転《じどううんてん》における「責任《せきにん》」は？

	事故《じこ》の責任《せきにん》
	運転者《うんてんしゃ》
	運転者《うんてんしゃ》
	運転者《うんてんしゃ》
	AIシステム（困難時《こんなんじ》は運転者《うんてんしゃ》）
	AIシステム
	AIシステム

自動運転車《じどううんてんしゃ》が事故《じこ》に関与《かんよ》したとき、生《しょう》じた損害《そんがい》を誰《だれ》の責任《せきにん》とするべきでしょうか？　日本では、議論《ぎろん》を重《かさ》ねながら、自動運転《じどううんてん》が「どのくらい自動《じどう》なのか」という段階分《だんかいわ》けで判断《はんだん》を変《か》える考《かんが》えをまとめています。

人間《にんげん》に代《か》わる存在《そんざい》ではないと結論付《けつろんづ》けました。このため、どんなにＡＩを活用《かつよう》しても、その最終的《さいしゅうてき》な判断《はんだん》と医療行為《いりょうこうい》の責任《せきにん》は担当《たんとう》した人間《にんげん》の医師《いし》にあるとしました。

アメリカの医師会《いしかい》の議論《ぎろん》は現在《げんざい》も続《つづ》いています。技術《ぎじゅつ》の発達《はったつ》によって考《かんが》え方《かた》が変《か》わることもあるかもしれませんが、**重《じゅう》要《よう》なのは、そこに関《かか》わる人《ひと》たちが真剣《しんけん》に話《はな》し合《あ》いを続《つづ》けているということ**です。

これらはもちろん、自動運転車《じどううんてんしゃ》や医療《いりょう》に限《かぎ》った話《はなし》ではありません。もともと人《にん》間《げん》が行《おこな》っていた「判断《はんだん》」を一部《いちぶ》でもＡＩに預《あず》けてしまうならば、問題《もんだい》が起《お》こったときの責任《せきにん》を誰《だれ》が負《お》うのかについて考《かんが》えておかなければなりません。このことは、私《わたし》たちが生《い》きるＡＩ時代《じだい》の常識《じょうしき》となるでしょう。

あなたも身近《みぢか》な例《れい》で想像《そうぞう》してみましょう。例《たと》えば、ＡＩがメールや電話《でんわ》の内容《ないよう》を要約《ようやく》して教《おし》えてくれて、その内容《ないよう》が間《ま》違《ちが》っていてトラブルが起《お》こったら、責任《せきにん》はどこにあるのでしょうか？　まずは自《じ》分《ぶん》で考《かんが》えて、そしてまわりの人《ひと》と話《はな》し合《あ》ってみましょう。

AIを活用《かつよう》した医療《いりょう》における「責任《せきにん》」は？

自動運転《じどううんてん》の技術《ぎじゅつ》が進《すす》み、人間《にんげん》の関与《かんよ》が小《ちい》さくなるにつれて、責任《せきにん》は運転者《うんてんしゃ》（個人《こじん》）からAIシステムの開発者《かいはつしゃ》（企業《きぎょう》）の方《ほう》に移《うつ》っていきます。

レベル	人間《にんげん》とAIの運転状況《うんてんじょうきょう》
0	人間《にんげん》が車《くるま》の操作《そうさ》をすべて行《おこな》い、AIは関与《かんよ》しない（少《すこ》し前《まえ》までのすべての自動車《じどうしゃ》と同《おな》じ）。
1	人間《にんげん》の運転《うんてん》をAIが補助《ほじょ》する形《かたち》で、アクセル・ブレーキ・ハンドルのいずれか一《ひと》つを操作《そうさ》することができる。
2	人間《にんげん》の運転《うんてん》をAIが補助《ほじょ》する形《かたち》で、アクセル・ブレーキ・ハンドルを複数同時《ふくすうどうじ》に操作《そうさ》することができる。
3	必要《ひつよう》な条件《じょうけん》を満《み》たした状況《じょうきょう》ではAIが車《くるま》の操作《そうさ》をすべて行《おこな》うが、AIが困難《こんなん》だと要請《ようせい》した状況《じょうきょう》では運転者《うんてんしゃ》が操作《そうさ》する「条件《じょうけん》つき自動運転車《じどううんてんしゃ》」。
4	必要《ひつよう》な条件《じょうけん》を満《み》たした限定領域《げんていりょういき》では、AIが車《くるま》の操作《そうさ》をすべて行《おこな》う「自動運転車《じどううんてんしゃ》」。
5	つねにAIが車《くるま》の操作《そうさ》をすべて行《おこな》う「完全自動運転車《かんぜんじどううんてんしゃ》」。

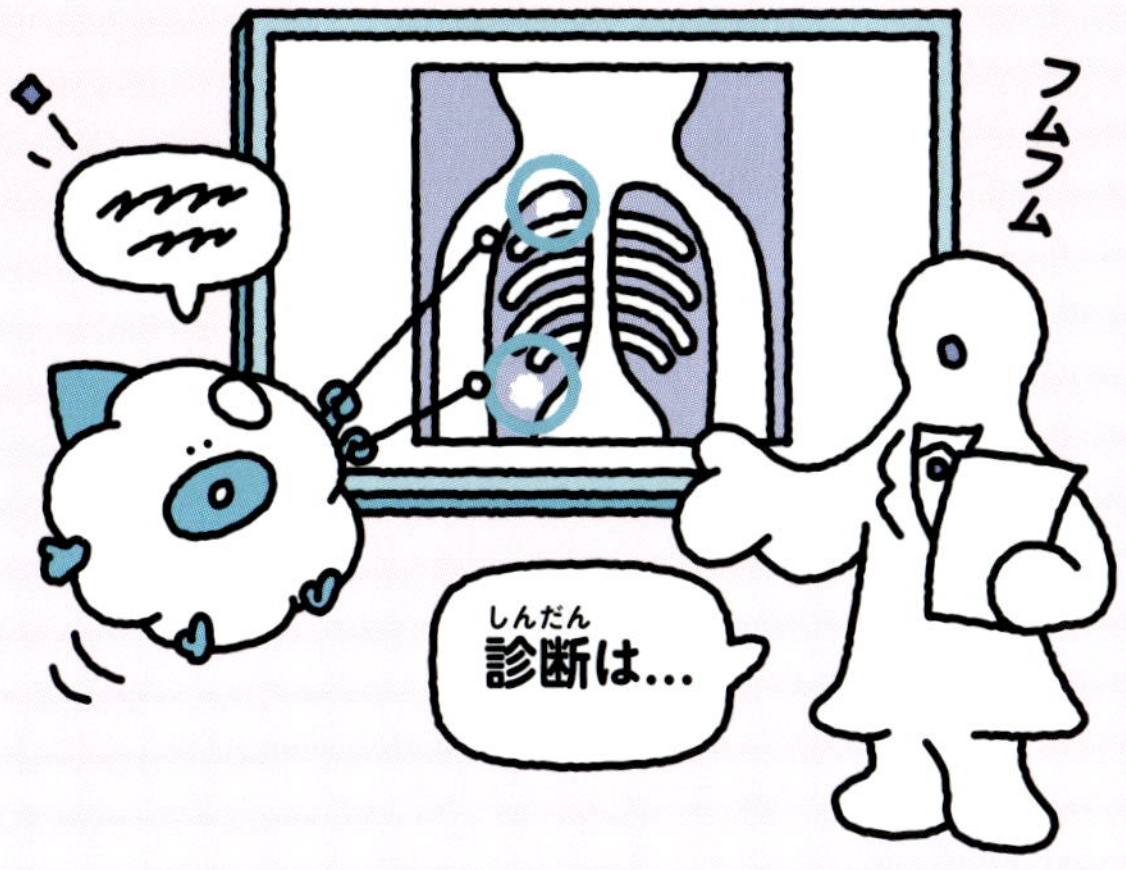

2018年《ねん》、アメリカの医師会《いしかい》では、AIがどんなに高性能《こうせいのう》でも最終判断《さいしゅうはんだん》は人間《にんげん》が行《おこな》う、と定《さだ》めることで、責任《せきにん》のあり方《かた》を明《あき》らかにしました。

02 AIが有害《ゆうがい》となる場合《ばあい》とは

AIによって私《わたし》たちの偏見《へんけん》が助長《じょちょう》されるとき

AIを利用《りよう》して間違《まちが》いが起《お》こってしまったときの影響《えいきょう》と原因《げんいん》について、実際《じっさい》にあった事例《じれい》から考《かんが》えてみます。

2014年《ねん》、あるインターネット販売《はんばい》の企業《きぎょう》が、たくさんの就職希望者《しゅうしょくきぼうしゃ》から優《すぐ》れた人材《じんざい》を探《さが》すためのAIを開発《かいはつ》、導入《どうにゅう》しました。応募者《おうぼしゃ》の履歴書《りれきしょ》に対《たい》して、まずAIが評価点《ひょうかてん》をつけ、その点数《てんすう》が高《たか》い人《ひと》だけに人間《にんげん》による面接《めんせつ》をして採用《さいよう》を決《き》めるという方法《ほうほう》を試《ため》したのです。

しかしまもなく、このAIが女性《じょせい》に対《たい》して不当《ふとう》に低《ひく》い評価《ひょうか》をつけることがわかり、AIの活用《かつよう》を中止《ちゅうし》しました。失敗《しっぱい》の原因《げんいん》は「学習《がくしゅう》データに偏《かたよ》りがあったため」だと発表《はっぴょう》しています。過去《かこ》の応募者《おうぼしゃ》と採用結果《さいようけっか》の情報《じょうほう》をAIに学習《がくしゅう》させたところ、過去《かこ》の技術職《ぎじゅつしょく》の応募《おうぼ》はほとんど男性《だんせい》だったので、採用《さいよう》も男性《だんせい》ばかりでした。

この事実《じじつ》をAIは「男性《だんせい》を採用《さいよう》すべき」と学《まな》んでしまったというのです。学習《がくしゅう》データが持《も》つ偏《かたよ》りを、AIが評価《ひょうか》につなげてしまっていたのでした。

さらにこのAIは、履歴書《りれきしょ》の性別欄《せいべつらん》の情報《じょうほう》を消《け》しても「女子《じょし》チェス部《ぶ》の部長《ぶちょう》を経験《けいけん》」「女子大《じょしだい》を卒業《そつぎょう》」といった間接的《かんせつてき》な情報《じょうほう》から性別《せいべつ》を推測《すいそく》し、女性《じょせい》の評価点《ひょうかてん》を下《さ》げていることがわかりました。したがって性別《せいべつ》のデータだけを伏《ふ》せればよいというわけでもなく、AIが学《まな》んだ偏見《へんけん》を取《と》り除《のぞ》くのは困難《こんなん》でした。その企業《きぎょう》は、AIを活用《かつよう》した効率的《こうりつてき》な人材採用《じんざいさいよう》の方式《ほうしき》をいったん諦《あきら》めることにしました。

この事例《じれい》で大切《たいせつ》なのは、現在《げんざい》のAI開《かい》発者《はつしゃ》や利用者《りようしゃ》に差別的《さべつてき》な意図《いと》がなくても、**データに不公正《ふこうせい》な偏《かたよ》りがふくまれていると「AIによる差別《さべつ》」が生《しょう》じることがある**という点《てん》です。過去《かこ》の採用《さいよう》データにおいて、応募者《おうぼしゃ》の性別《せいべつ》や経歴《けいれき》に偏《かたよ》りがあったため、AIはその偏《かたよ》りまで学《まな》んでしまいました。その都度《つど》、人間《にんげん》は採用基準《さいようきじゅん》や方法《ほうほう》を改善《かいぜん》していますが、AIが学習《がくしゅう》したのは過去《かこ》の採用《さいよう》データだったため、AIもかつてのような差別的《さべつてき》な判断《はんだん》をする結果《けっか》となったのです。

また、AIの開発者《かいはつしゃ》や利用者《りようしゃ》がそもそも「女性差別《じょせいさべつ》とは何《なに》か」「男女平等《だんじょびょうどう》とは何《なに》か」といった**公正《こうせい》さを重《おも》んじる観点《かんてん》を持《も》っていなければ、問題《もんだい》の存在《そんざい》に気《き》づけないかもしれない**という心配《しんぱい》もあります。

私《わたし》たちが自覚《じかく》できていない差別意識《さべついしき》や偏見《へんけん》は、AIを使《つか》うことでより強化《きょうか》され、気《き》づきづらい形《かたち》で実行《じっこう》されてしまう可能性《かのうせい》があるということです。

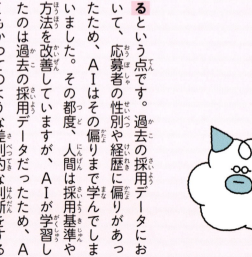

過去《かこ》の履歴書《りれきしょ》と採用《さいよう》データをAIに学習《がくしゅう》させ、新《あら》たな志望者《しぼうしゃ》の履歴書《りれきしょ》に評価点《ひょうかてん》をつけるAIを開発《かいはつ》しましたが、女性《じょせい》を不当《ふとう》に低《ひく》く評価《ひょうか》してしまうことがわかりました。
出典《しゅってん》／焦点《しょうてん》：アマゾンがAI採用打《さいようう》ち切《き》り、「女性差別《じょせいさべつ》」の欠陥《けっかん》露呈《ろてい》で（ロイター）

男女差別《だんじょさべつ》を学《まな》んでしまった採用《さいよう》AI

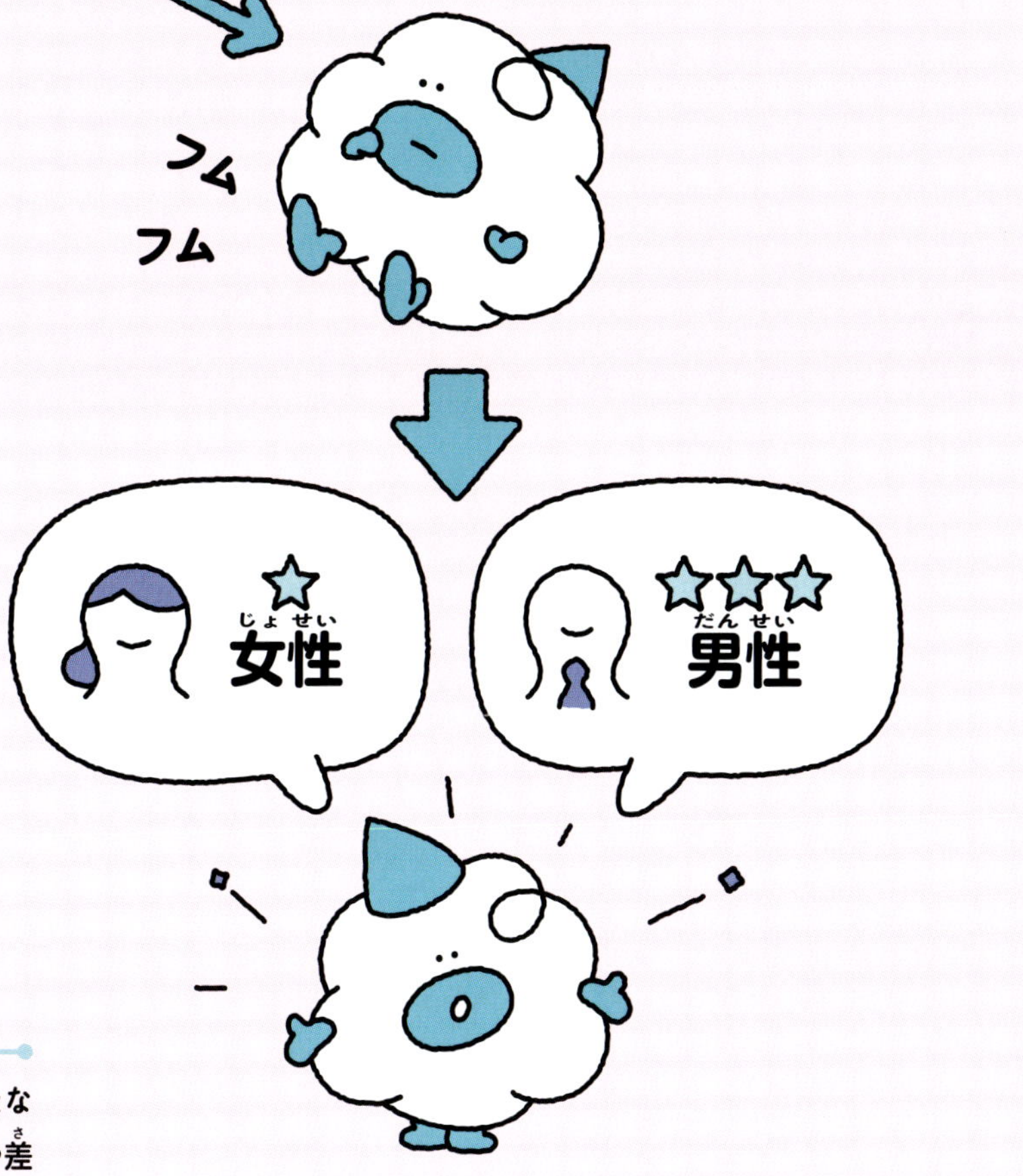

理想郷《りそうきょう》までの道《みち》はけわしい

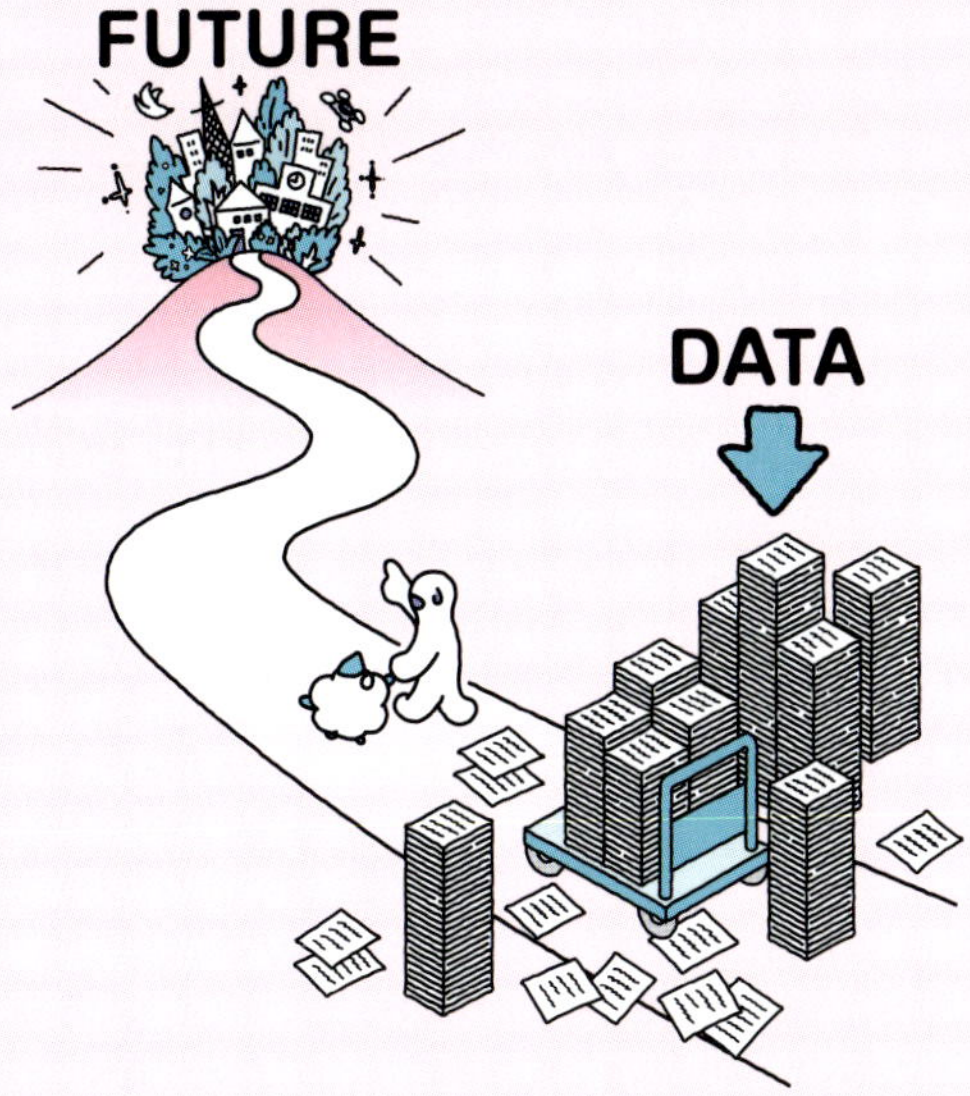

現代《げんだい》を生《い》きる私《わたし》たちが、AIとともに、偏見《へんけん》や差別《さべつ》のない新《あら》たな未来《みらい》を目指《めざ》すには、過去《かこ》の膨大《ぼうだい》なデータにふくまれる偏見《へんけん》や差《さ》別《べつ》をどのように扱《あつか》うか考《かんが》えなければなりません。

私《わたし》たち自身《じしん》が持《も》っている偏見《へんけん》や差別《さべつ》を自覚《じかく》しよう

ＡＩの利用《りよう》によって差別《さべつ》や不公正《ふこうせい》が生《う》まれるとき、その原因《げんいん》をたどると、私《わたし》たち自身《じしん》が抱《かか》える「差別《さべつ》」や「偏見《へんけん》」から始《はじ》まっている場合《ばあい》がありました。ここでもう一《ひと》つ、事例《じれい》を見《み》てみましょう。

アメリカのマサチューセッツ工科大学《こうかだいがく》は「Ｔｉｎｙ《タイニー》 Ｉｍａｇｅｓ《イメージズ》」というデータを公開《こうかい》していました。ＡＩ研究用《けんきゅうよう》に画像《がぞう》が何千万枚《なんぜんまんまい》も集《あつ》まったデータセットです。２００８年《ねん》から広《ひろ》く使《つか》われていましたが、２０２０年《ねん》に削除《さくじょ》されました。削除《さくじょ》の理由《りゆう》について大学《だいがく》は「このデータセットで学習《がくしゅう》したＡＩが、人種差別《じんしゅさべつ》や女性差別《じょせいさべつ》を助長《じょちょう》する危険《きけん》があるとわかったため」と説明《せつめい》しました。どういうことでしょうか？

ＡＩの学習用《がくしゅうよう》に準備《じゅんび》された画像《がぞう》には、その写真《しゃしん》の内容《ないよう》を表《あらわ》す「ラベル」という単語情報《たんごじょうほう》が「対《つい》」になっています。このラベルがＡＩの学習《がくしゅう》に大変便利《たいへんべんり》なのです。「Ｔｉｎｙ《タイニー》 Ｉｍａｇｅｓ《イメージズ》」のラベル情報《じょうほう》は、英語《えいご》の辞書《じしょ》から約《やく》５万《まん》の名詞《めいし》を拾《ひろ》って、それに対応《たいおう》した画像《がぞう》をインターネットで検索《けんさく》して集《あつ》めてセットにするという自動処理《じどうしょり》によってつくられていました。

つまり、インターネット上《じょう》で単語《たんご》を探《さが》し、そこに載《の》っていた画像《がぞう》をとり出《だ》して「対《つい》」にしていたわけです。このため膨大《ぼうだい》なデータの中《なか》には、例《たと》えば「猿《さる》」という単語《たんご》に特定《とくてい》の人種《じんしゅ》の人《ひと》の写真《しゃしん》が「対《つい》」になっているといった差別的《さべつてき》な表現《ひょうげん》がふくまれていました。これが学習《がくしゅう》に使《つか》われていることがわかったのです。データの数《かず》が非常《ひじょう》に多《おお》かったため、問題《もんだい》のあるもの一《ひと》つずつを確認《かくにん》して取《と》り除《のぞ》くのは困難《こんなん》でした。

画像認識《がぞうにんしき》のＡＩ開発《かいはつ》などに長《なが》らく利用《りよう》されてきた有名《ゆうめい》なデータセットが取《と》り下《さ》げられた事実《じじつ》は、**偏見《へんけん》や差別《さべつ》のないデータを集《あつ》め、利用《りよう》することの難《むずか》しさ**を改《あらた》めて浮《う》き彫《ぼ》りにしました。

ＡＩを利用《りよう》する私《わたし》たちには何《なに》ができるでしょうか？　少《すく》なくとも、ＡＩの学習《がくしゅう》に差別《さべつ》や偏見《へんけん》がまぎれていないかと気《き》にかけ、**私《わたし》たち自身《じしん》が無意識《むいしき》に差別《さべつ》や偏見《へんけん》を持《も》っているかもしれないと意識《いしき》することはできます。**その上《うえ》で、社会全体《しゃかいぜんたい》が抱《かか》えている偏見《へんけん》や差別《さべつ》をなくすよう働《はたら》きかけていく努力《どりょく》が必要《ひつよう》となるでしょう。

社会《しゃかい》の偏見《へんけん》がAIに反映《はんえい》される

インターネット上《じょう》の膨大《ぼうだい》なデータを使《つか》って学習《がくしゅう》したことで、私《わたし》たち人間《にんげん》の差別《さべつ》や偏見《へんけん》がAIに受《う》け継《つ》がれてしまっている問題《もんだい》が指摘《してき》されています。職業《しょくぎょう》に対《たい》して、男性《だんせい》の仕事《しごと》だ、女性《じょせい》の仕事《しごと》だと答《こた》える場合《ばあい》もあれば、花《はな》や虫《むし》に「楽《たの》しい」「楽《たの》しくない」といった言葉《ことば》を関連《かんれん》づけるものなどもあります。

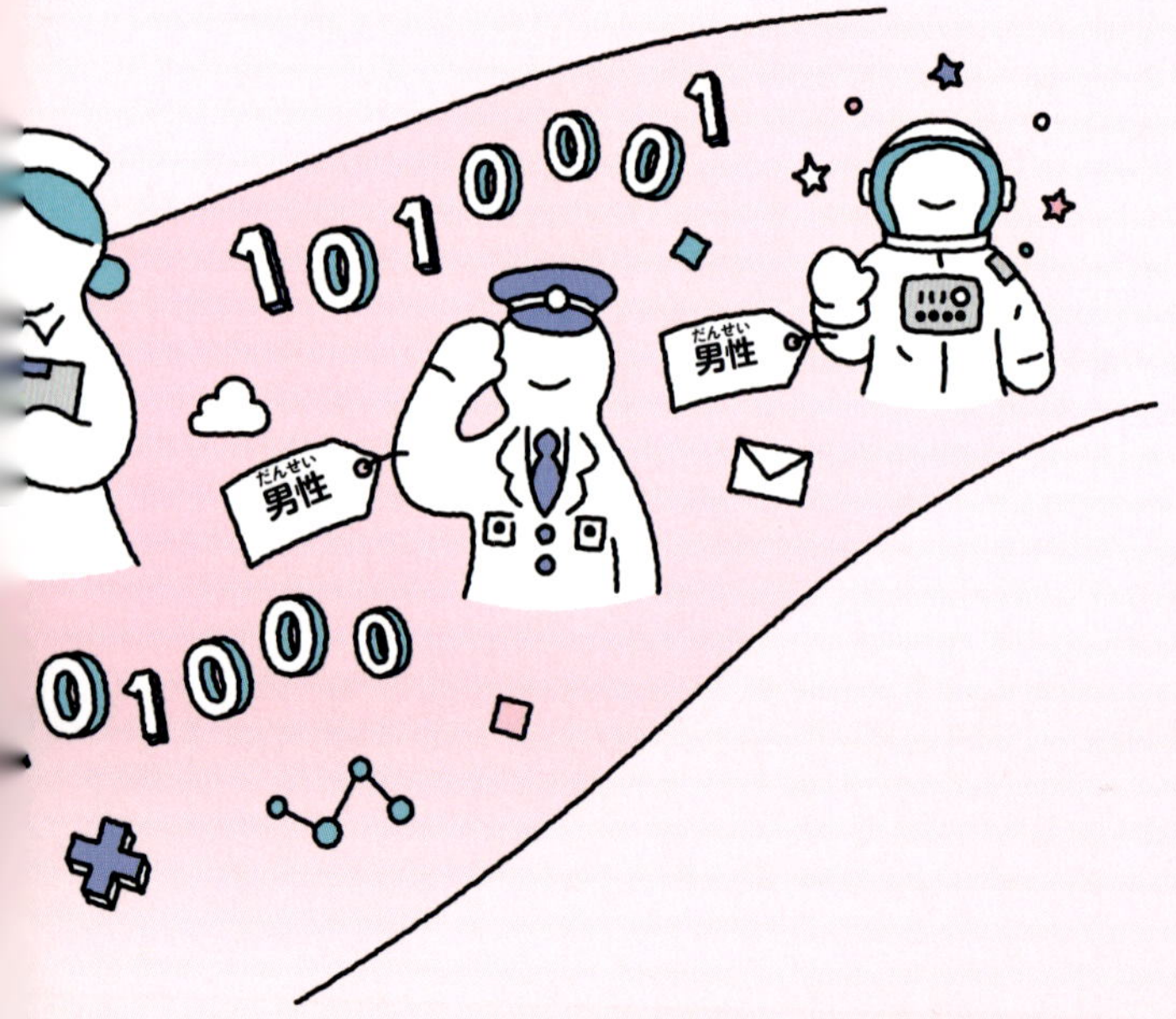

無自覚《むじかく》の差別《さべつ》や思《おも》い込《こ》み

差別《さべつ》について考《かんが》えるのに役立《やくだ》つ「エコーチェンバー」という概念《がいねん》を紹介《しょうかい》します。これは「反響室《はんきょうしつ》」という意味《いみ》の英語《えいご》で、音《おと》が何度《なんど》も反射《はんしゃ》して鳴《な》り響《ひび》く部屋《へや》のように、自分《じぶん》の意見《いけん》や好《この》みに近《ちか》い情報《じょうほう》ばかりが集《あつ》まり、それが繰《く》り返《かえ》される環境《かんきょう》を指《さ》します。こうした環境《かんきょう》は、自分《じぶん》にとって好《この》ましい意見《いけん》が目立《めだ》ち、自分《じぶん》の声《こえ》も肯定《こうてい》されやすいため心地《ここち》よさを覚《おぼ》えます。特《とく》にインターネットやSNS《エスエヌエス》で、利用者《りようしゃ》の好《この》みに応《おう》じて情報《じょうほう》を提示《ていじ》するものが増《ふ》えた今《いま》、私《わたし》たちは知《し》らずにエコーチェンバーの中《なか》に浸《ひた》っています。

しかし、エコーチェンバーは無自覚《むじかく》の差別《さべつ》や偏見《へんけん》を助長《じょちょう》することがあります。似《に》た考《かんが》えの人《ひと》ばかりと交流《こうりゅう》した結果《けっか》、違《ちが》う視点《してん》を持《も》つ人々《ひとびと》を理解《りかい》するのが難《むずか》しくなったり、その考《かんが》えを軽《かろ》んじたりしてしまうのです。エコーチェンバーの影響《えいきょう》を抑《おさ》えるためには、意識的《いしきてき》にさまざまな情報源《じょうほうげん》にふれ、異《こと》なる立場《たちば》や意見《いけん》の人《ひと》と対話《たいわ》し、多様《たよう》な視点《してん》や考《かんが》え方《かた》を知《し》ることが大切《たいせつ》です。

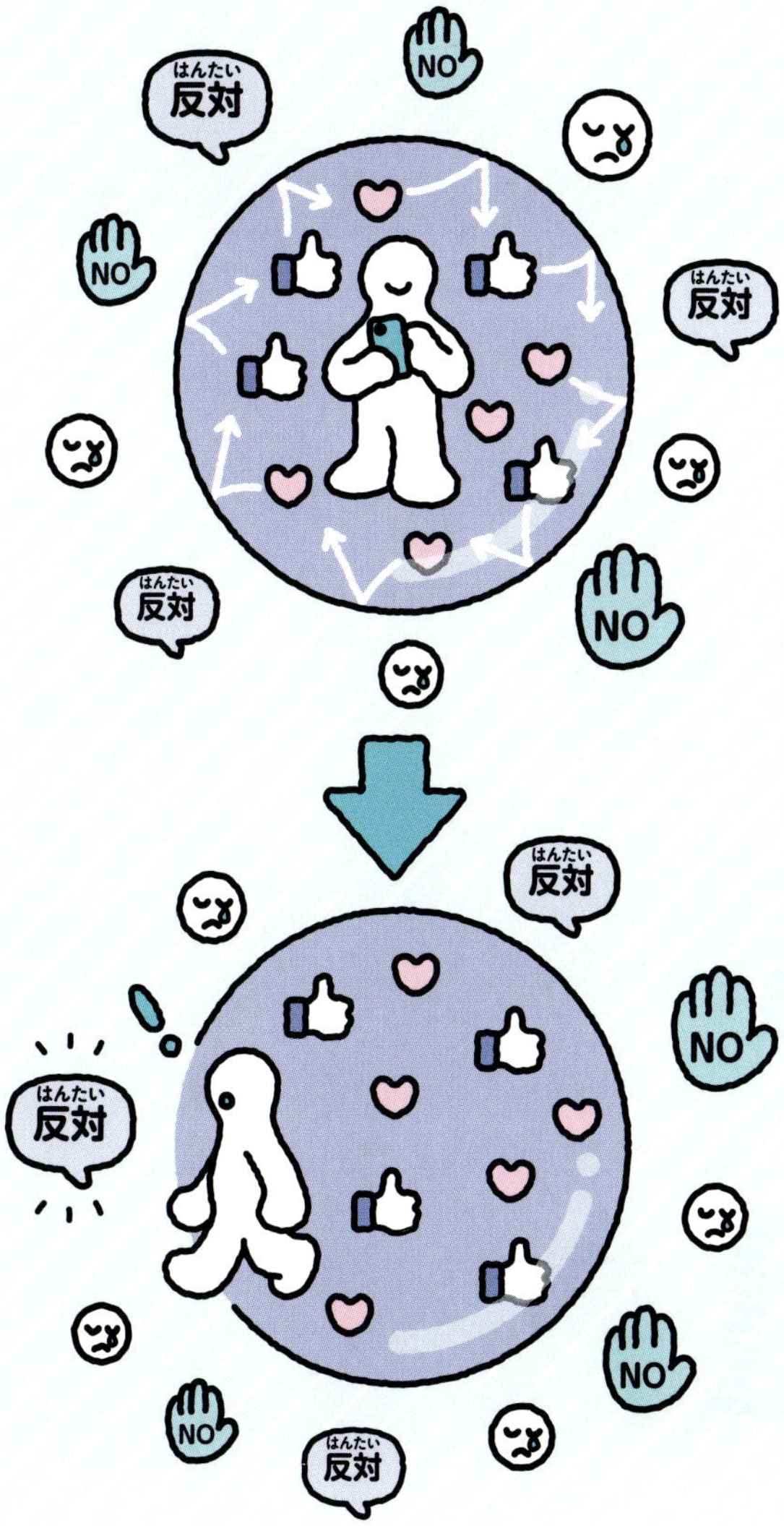

代理指標《だいりしひょう》にすぎないデータもある

人材採用《じんざいさいよう》におけるAI利用《りよう》や、AI研《けん》究《きゅう》のための画像収集《がぞうしゅうしゅう》は、差別《さべつ》を意図《いと》して行《おこな》われたわけではありません。問題《もんだい》の根《こん》本《ぽん》は、私《わたし》たち自身《じしん》や社会《しゃかい》が無意識《むいしき》に持《も》つ差別《さべつ》や偏見《へんけん》にあります。これらの課題《かだい》を最小限《さいしょうげん》に抑《おさ》えつつAIを活用《かつよう》するための二《ふた》つの視点《してん》を紹介《しょうかい》します。

一《ひと》つ目《め》の視点《してん》は、**「代理指標《だいりしひょう》」が完全《かんぜん》なものではない**という理解《りかい》です。代理指《だいりし》標《ひょう》とは、直接測定《ちょくせつそくてい》が難《むずか》しいときに、判断《はんだん》の材料《ざいりょう》として代《か》わりに使《つか》うデータを指《さ》します。

企業《きぎょう》が人材採用時《じんざいさいようじ》にAIを用《もち》いて、「候補者《こうほしゃ》の能力《のうりょく》」を数値化《すうちか》しようとした場合《ばあい》、身長《しんちょう》や体重《たいじゅう》のような明確《めいかく》に測定可《そくていか》能《のう》なものではなく、より複雑《ふくざつ》な要素《ようそ》を扱《あつか》う必要《ひつよう》があります。そのため、「過去《かこ》の採用《さいよう》データ」や「応募者《おうぼしゃ》の履歴書《りれきしょ》」などから統計的《とうけいてき》に特徴《とくちょう》を抽出《ちゅうしゅつ》し、能力《のうりょく》を示《しめ》す代理指標《だいりしひょう》を設定《せってい》する方法《ほうほう》が考《かんが》えられます。

例《たと》えば、「〇〇大学卒業《だいがくそつぎょう》」が示《しめ》す「能《のう》力《りょく》」は何《なん》でしょうか？　ある時代《じだい》では、その大学《だいがく》の卒業生《そつぎょうせい》は優《すぐ》れた成果《せいか》を上《あ》げたかもしれません。しかし、時代《じだい》の変遷《へんせん》と

「知《し》りたいこと」と
「測《はか》れるもの（代理指標《だいりしひょう》）」

例《たと》えば、試験《しけん》の成績《せいせき》は「学校《がっこう》の授業《じゅぎょう》をどれくらい理解《りかい》したか」を間接的《かんせつてき》に表《あらわ》す代理指標《だいりしひょう》として使《つか》われます。知《し》りたいことを直接的《ちょくせつてき》に測《はか》れないとき、私《わたし》たちは工夫《くふう》を重《かさ》ねて代理指標《だいりしひょう》を利用《りよう》しています。

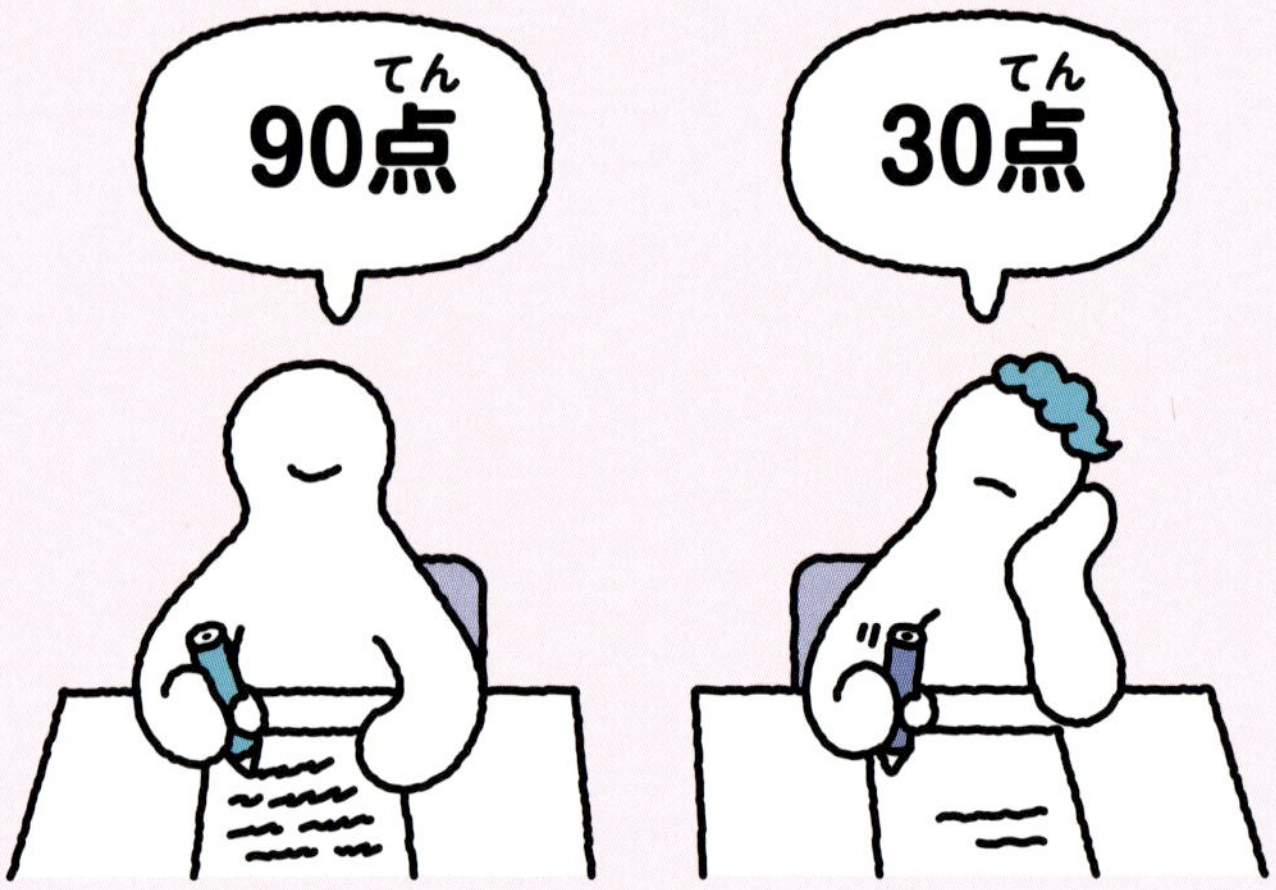

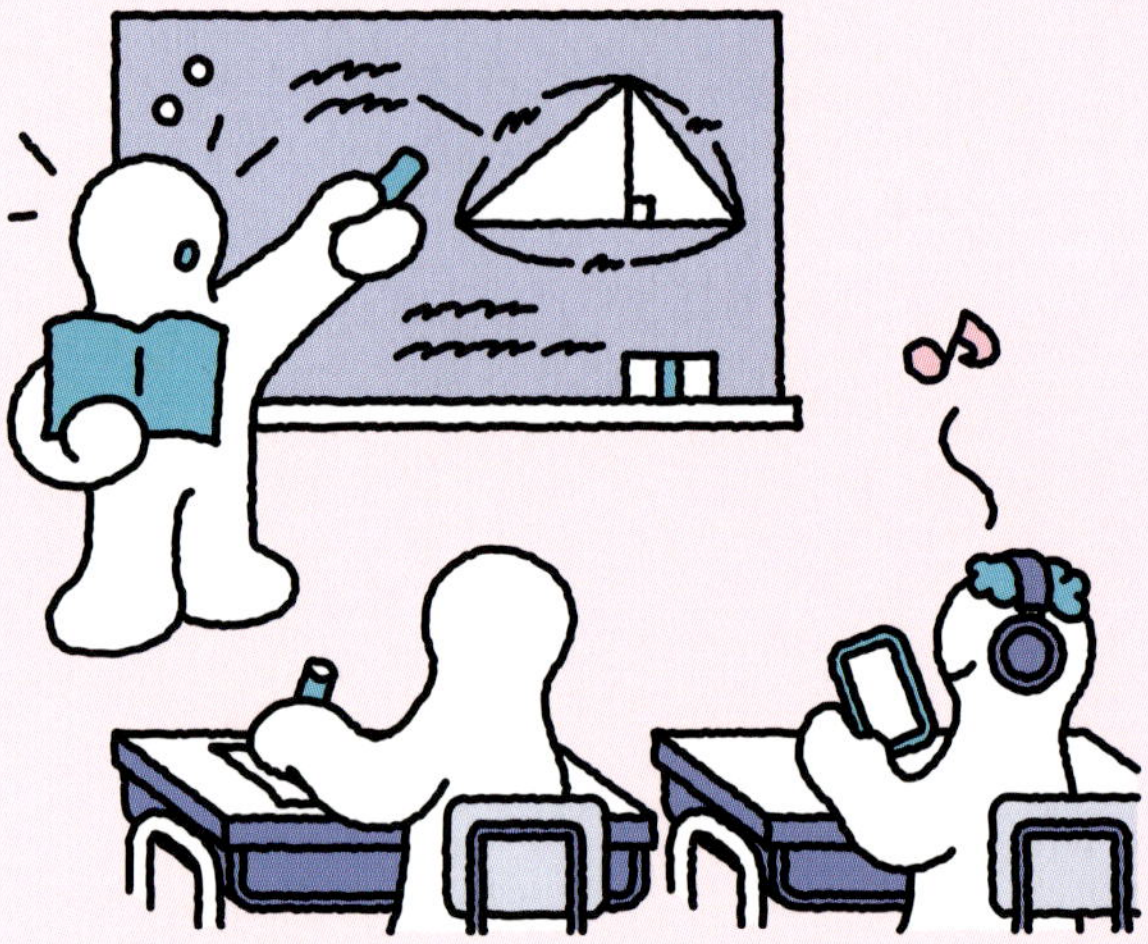

代理指標《だいりしひょう》
…テストの点数《てんすう》

知《し》りたいこと
…学校《がっこう》の授業《じゅぎょう》をどれくらい理解《りかい》したか

ともに、仕事《しごと》の性質《せいしつ》や求《もと》められるスキルも変《か》わります。

このように、**ＡＩを開発《かいはつ》する際《さい》には目的《もくてき》（例《たと》えば企業《きぎょう》が考《かんが》える「優秀《ゆうしゅう》な人材《じんざい》」とは何《なに》か）を明確《めいかく》にし、データ収集《しゅうしゅう》の前《まえ》に、そのデータが本当《ほんとう》に目指《めざ》す指標《しひょう》を表《あらわ》しているかを慎重《しんちょう》に検討《けんとう》することが大切《たいせつ》です。**

また、「優秀《ゆうしゅう》さ」のように曖昧《あいまい》な概念《がいねん》を測定《そくてい》しようとするとき、**ＡＩがどれほど精巧《せいこう》に動作《どうさ》するとしても、手持《ても》ちのデータからは一面的《いちめんてき》な情報《じょうほう》しか得《え》られないという理解《りかい》も重要《じゅうよう》です。**履歴書《りれきしょ》に書《か》けない「優秀《ゆうしゅう》さ」があるなら、いくらデータを集《あつ》めても、ＡＩにそれを教《おし》えることはできないのです。

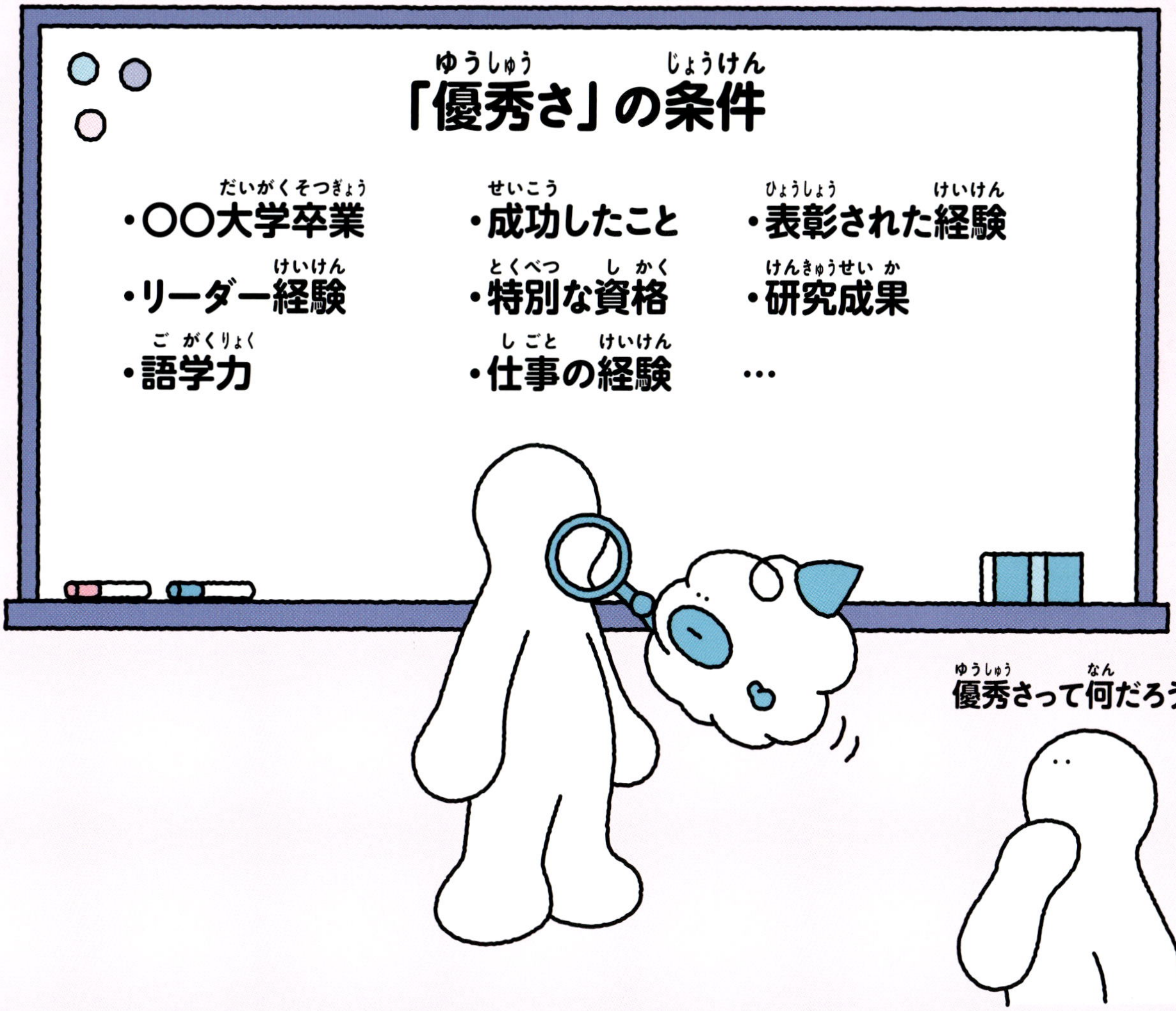

「優秀《ゆうしゅう》さ」の条件《じょうけん》
・〇〇大学卒業《だいがくそつぎょう》
・リーダー経験《けいけん》
・語学力《ごがくりょく》
・成功《せいこう》したこと
・特別《とくべつ》な資格《しかく》
・仕事《しごと》の経験《けいけん》
・表彰《ひょうしょう》された経験《けいけん》
・研究成果《けんきゅうせいか》
…
優秀《ゆうしゅう》さって何《なん》だろう？

AI開発《かいはつ》における情報《じょうほう》の透明性《とうめいせい》とは

AIの開発者《かいはつしゃ》や利用者《りようしゃ》が差別《さべつ》や偏見《へんけん》を意図《いと》しなくても、AIがそれを助長《じょちょう》してしまう危険《きけん》があるという問題《もんだい》について、改善《かいぜん》に役立《やくだ》つ二《ふた》つ目《め》の観点《かんてん》を考《かんが》えてみましょう。それは、**AI技術《ぎじゅつ》を提供《ていきょう》する側《がわ》の「情報《じょうほう》の透明性《とうめいせい》」です。**

AIの開発《かいはつ》における「透明性《とうめいせい》」とは、開発《かいはつ》の目的《もくてき》やアルゴリズム、学習《がくしゅう》に使《つか》うデータの収集方法《しゅうしゅうほうほう》などを明《あき》らかにしておくことです。AIの利用者《りようしゃ》やその影響《えいきょう》を受《う》ける人《ひと》がAIの中身《なかみ》を調《しら》べられるようにするためです。

人材採用《じんざいさいよう》のためのAIシステムの例《れい》（p60）では、一部《いちぶ》の人《ひと》だけがその開発《かいはつ》に携《たずさ》わってきました。そのAIの存在《そんざい》はあらかじめ公開《こうかい》されず、それが女性《じょせい》を差《さ》別《べつ》するとわかった時点《じてん》では、すでに開発《かいはつ》に1年《ねん》もの労力《ろうりょく》をかけた後《あと》だったのです。

企業《きぎょう》の採用《さいよう》に関《かか》わる問題《もんだい》であるため、その内容《ないよう》が非公開《ひこうかい》なのはやむを得《え》ない部《ぶ》分《ぶん》もあります。しかしそれでも、仮《かり》にその開発方法《かいはつほうほう》や学習方法《がくしゅうほうほう》などを明《あき》らかにしていれば、開発途中《かいはつとちゅう》で、不採用《ふさいよう》となった人《ひと》や外部《がいぶ》の専門家《せんもんか》が問題《もんだい》を指摘《してき》して改善《かいぜん》していくことができたかもしれません。

AIに「透明性《とうめいせい》」があるとは？

これらの情報《じょうほう》にもとづいています
6ヵ月前《げつまえ》
購入履歴《こうにゅうりれき》
検索履歴《けんさくりれき》
シューズ
検索《けんさく》
10,000歩《ぽ》
ユーザーの移動《いどう》データ
オススメはこのレディス・スニーカー！
なんでわかるの？

例《たと》えば、AIによる広告《こうこく》があなたにピッタリの商品《しょうひん》を提案《ていあん》してきたら、「すごい！　うれしい！」以外《いがい》に、「なんでわかったの？」と気《き》になる場合《ばあい》もあるでしょう。そんなとき、あなたのどんな情報《じょうほう》を利用《りよう》したのかをきちんと説明《せつめい》し、気《き》に入《い》らなければ「その情報《じょうほう》は使《つか》わないで」と選択《せんたく》できることなどが確保《かくほ》された状態《じょうたい》を「透明性《とうめいせい》が高《たか》い」といいます。

AIは不完全《ふかんぜん》だから透明性《とうめいせい》を求《もと》めていこう

AIによって新《あら》たな課題《かだい》や問題《もんだい》に挑《いど》もうとすれば、学習《がくしゅう》データから何《なに》かの特徴《とくちょう》や傾向《けいこう》を「代理指標《だいりしひょう》」とすることになります。しかし、その代理指標《だいりしひょう》はあくまで「与《あた》えられた学習《がくしゅう》データ」という閉《と》じた世界《せかい》で、統計的《とうけいてき》な分析《ぶんせき》で見《み》つけた情報《じょうほう》にすぎません。

したがって、AIを開発《かいはつ》する上《うえ》では、どんな開発者《かいはつしゃ》がどのような目的《もくてき》を持《も》ち、どんなデータを活用《かつよう》しているのかを利用者《りようしゃ》に明《あき》らかにする必要《ひつよう》があります。また、データを提供《ていきょう》してくれる人《ひと》に対《たい》しても、どんな目的《もくてき》で使《つか》おうとしているのかを明《あき》らかにすることが大切《たいせつ》です。**AIの利用者《りようしゃ》はサービスに対《たい》して情報《じょうほう》の「透明性《とうめいせい》」を求《もと》めていくこと**が、これからの社会《しゃかい》でAIをより良《よ》く活用《かつよう》していくために重要《じゅうよう》です。すでに、AIの透明性《とうめいせい》に関《かん》する監査《かんさ》・認証《にんしょう》を行《おこな》う団体《だんたい》も出《で》てきています。

そうでなければ、私《わたし》たちはAIによって誰《だれ》かが不公正《ふこうせい》に傷《きず》つけられたり損害《そんがい》を受《う》けたりする事実《じじつ》に気《き》づくこともできないまま、AIを使《つか》うことで差別《さべつ》や偏見《へんけん》の問題《もんだい》をさらに深《ふか》めてしまうことになるかもしれません。

透明性《とうめいせい》とプライバシー保護《ほご》のバランスが大切《たいせつ》

私《わたし》たちがAIを信頼《しんらい》し、安心《あんしん》して使《つか》えるようにするために大切《たいせつ》なのが、AIの透明性《とうめいせい》を高《たか》めることです。AIがどんな基《き》準《じゅん》で判断《はんだん》しているのか、どのようなデータを学習材料《がくしゅうざいりょう》としているのかなど、AIを利用《りよう》している企業《きぎょう》は、利用者《りようしゃ》が理解《りかい》しやすいレベルでの情報《じょうほう》を提供《ていきょう》することが求《もと》められます。このようにして、AIの動《うご》きが「見《み》える化《か》」されれば、私《わたし》たちはもっと自信《じしん》を持《も》ってAIを使《つか》うことができるようになります。

一方《いっぽう》で、個人情報《こじんじょうほう》の保護《ほご》やセキュリティの面《めん》では、十分《じゅうぶん》な配慮《はいりょ》が必要《ひつよう》です。透明性《とうめいせい》を高《たか》める努力《どりょく》と同時《どうじ》に、私《わたし》たちの大切《たいせつ》な情報《じょうほう》を守《まも》るための対策《たいさく》も大切《たいせつ》です。

透明性《とうめいせい》を増《ま》すこととプライバシー保護《ほご》のバランスをうまく取《と》りながら、AI技術《ぎじゅつ》の進歩《しんぽ》を社会《しゃかい》にとってプラスにできるよう努《つと》めることが、これからの私《わたし》たちにとっての大《おお》きな課題《かだい》です。そうすることで、AIのメリットを存分《ぞんぶん》に享受《きょうじゅ》しながら、リスクも適切《てきせつ》に管理《かんり》できる社会《しゃかい》を実現《じつげん》できるはずです。

人間《にんげん》とそっくりに見《み》えても人間《にんげん》とは異《こと》なる

ここまでの内容《ないよう》は、ＡＩが導《みちび》く結果《けっか》や答《こた》えを上手《じょうず》に使《つか》っていくためにＡＩがどんなときに間違《まちが》えるのか、その原因《げんいん》に対《たい》して私《わたし》たちに何《なに》ができるかという側面《そくめん》を考《かんが》えてきました。

仮《かり》にこうした問題《もんだい》を解決《かいけつ》でき、ＡＩがうまく働《はたら》いているように見《み》える場合《ばあい》であっても注意《ちゅうい》したい点《てん》があります。それは**ＡＩによる「判断《はんだん》」は、人間《にんげん》の判断《はんだん》とは異《こと》なるかもしれない**という事実《じじつ》です。画《が》像認識《ぞうにんしき》ＡＩの例《れい》から紹介《しょうかい》します。

画像認識《がぞうにんしき》ＡＩは、写真《しゃしん》や絵《え》などの画像《がぞう》に写《うつ》っているものを判別《はんべつ》するＡＩです。例《たと》えば、ネコや犬《いぬ》などの動物《どうぶつ》や、花《はな》や果《くだ》物《もの》などの植物《しょくぶつ》などを見分《みわ》けることができます。

下《した》の図《ず》は、画像認識《がぞうにんしき》ＡＩの能力《のうりょく》を調《しら》べるために出《だ》したテスト問題《もんだい》とＡＩの回答《かいとう》です。このＡＩはトラネコもインドゾウも正《ただ》しく判別《はんべつ》しました。ところがトラネコとインドゾウを合成《ごうせい》した画像《がぞう》Ｃを見《み》せると、どうなったでしょうか？

画像《がぞう》Ｃは実在《じつざい》しない動物《どうぶつ》ですから、動《どう》物名《ぶつめい》を答《こた》えろと言《い》われても困《こま》ります。人《にん》

ある画像認識《がぞうにんしき》AIは、画像《がぞう》から動物《どうぶつ》を判断《はんだん》することができますが、実験《じっけん》としてインドゾウの肌《はだ》の模様《もよう》にトラネコの形《かたち》を重《かさ》ねた画像《がぞう》を判断《はんだん》させてみました。するとAIは「およそインドゾウ」と回答《かいとう》。このAIは、人間《にんげん》の直感《ちょっかん》に反《はん》して、動物《どうぶつ》の形《かたち》よりも模様《もよう》を重視《じゅうし》していました。

これはトラネコ？
インドゾウ？

出典《しゅってん》／ImageNet-trained CNNs are biased towards texture; increasing shape bias improves accuracy and robustness（Robert Geirhos, Patricia Rubisch, Claudio Michaelis, Matthias Bethge, Felix A. Wichmann, Wieland Brendel: 2018）

間《げん》なら「ネコかな？」と答《こた》えるでしょう。ところがこのＡＩの回答《かいとう》は「インドゾウ」でした。どうもこのＡＩは、動物《どうぶつ》の形《かたち》よりも模様《もよう》や肌《はだ》の質感《しつかん》を重視《じゅうし》して動物《どうぶつ》を判断《はんだん》していたようです。

画像認識《がぞうにんしき》ＡＩがトラネコとインドゾウを正《ただ》しく判別《はんべつ》した時点《じてん》で、私《わたし》たちはつい「人間《にんげん》と同《おな》じように判断《はんだん》できるＡＩができた」と考《かんが》えがちです。ところが、この例《れい》のように、**ＡＩが人間《にんげん》とはまったく違《ちが》うものの見方《みかた》をしているにもかかわらず「表面的《ひょうめんてき》には結果《けっか》が同《おな》じである」場合《ばあい》がある**のです。

私《わたし》たちがＡＩを利用《りよう》するとき、その裏《うら》側《がわ》でどんなアルゴリズムで動《うご》き、どんな学習《がくしゅう》データが使《つか》われているのか、細《こま》かく理解《りかい》するのは難《むずか》しいかもしれません。しかし、少《すく》なくとも「ＡＩは人間《にんげん》とは異《こと》なる存在《そんざい》であり、私《わたし》たちの想像《そうぞう》の及《およ》ばない観点《かんてん》で結果《けっか》を導《みちび》いているかもしれない」という事実《じじつ》を忘《わす》れずにおくことはできます。そして、ときどき立《た》ち止《ど》まって**「このまま使《つか》い続《つづ》けて本当《ほんとう》に大丈夫《だいじょうぶ》だろうか」と考《かんが》えてみることも大切《たいせつ》です。**

同《おな》じに見《み》えても、考《かんが》え方《かた》が違《ちが》う？

例《たと》えば、AIがゾウの特徴《とくちょう》を上《うえ》のように学習《がくしゅう》したとしても間違《まちが》っているわけではなく、多《おお》くの場合《ばあい》はゾウを正《ただ》しく判断《はんだん》できます。しかし、人間《にんげん》と同《おな》じ答《こた》えを導《みちび》く場合《ばあい》でも、AIはまったく違《ちが》う情報《じょうほう》処理《しょり》でものごとを判断《はんだん》しているかもしれない、という事実《じじつ》は知《し》っておくべきでしょう。

悪意《あくい》を持《も》って AIが 利用《りよう》されるとき

最後《さいご》に、誰《だれ》かが悪意《あくい》を持《も》って、**他人《たにん》に危害《きがい》や損失《そんしつ》を与《あた》える目的《もくてき》でAIを使《つか》う場《ば》合《あい》について考《かんが》えてみましょう。**

近年《きんねん》の戦争《せんそう》でも実際《じっさい》に悪用《あくよう》され、大《おお》きな話題《わだい》となった一《ひと》つが生成《せいせい》AIを使《つか》った「ディープフェイク」です。ディープフェイクは、AIで人間《にんげん》の表情《ひょうじょう》や声《こえ》を学習《がくしゅう》し、本物《ほんもの》そっくりの偽《にせ》の動画《どうが》や音声《おんせい》をつくり出《だ》す技術《ぎじゅつ》のことを指《さ》します。ディープフェイクは、エンターテインメントの新《あたら》しい可能性《かのうせい》をひらくものであり、技術《ぎじゅつ》そのものが悪《わる》いわけではありません。

しかし、2022年《ねん》にロシアがウクライナに侵攻《しんこう》した戦争《せんそう》では、「ウクライナの大統領《だいとうりょう》が自国民《じこくみん》へ降伏《こうふく》を呼《よ》びかける」という内容《ないよう》のディープフェイク動画《どうが》が出《で》回《まわ》り、大《おお》きな注目《ちゅうもく》を集《あつ》めました。偽《にせ》の演《えん》説映像《ぜつえいぞう》をとてもリアルに作《つく》り出《だ》したのです。

この話題《わだい》一《ひと》つでも、AIの悪用《あくよう》がどれほど大《おお》きな危険《きけん》をはらんでいるか想像《そうぞう》できるでしょう。著名人《ちょめいじん》や政治家《せいじか》のフェイク動画《どうが》が社会《しゃかい》の混乱《こんらん》を引《ひ》き起《お》こす危険《きけん》はもちろん、一般人《いっぱんじん》のフェイク動画《どうが》でもその人《ひと》の名誉《めいよ》や社会的《しゃかいてき》な信用《しんよう》を傷《きず》つけるこ

ディープフェイクとは

ディープフェイクは、本物《ほんもの》そっくりの偽物《にせもの》（フェイク）映像《えいぞう》を作《つく》り出《だ》せる技術《ぎじゅつ》です。

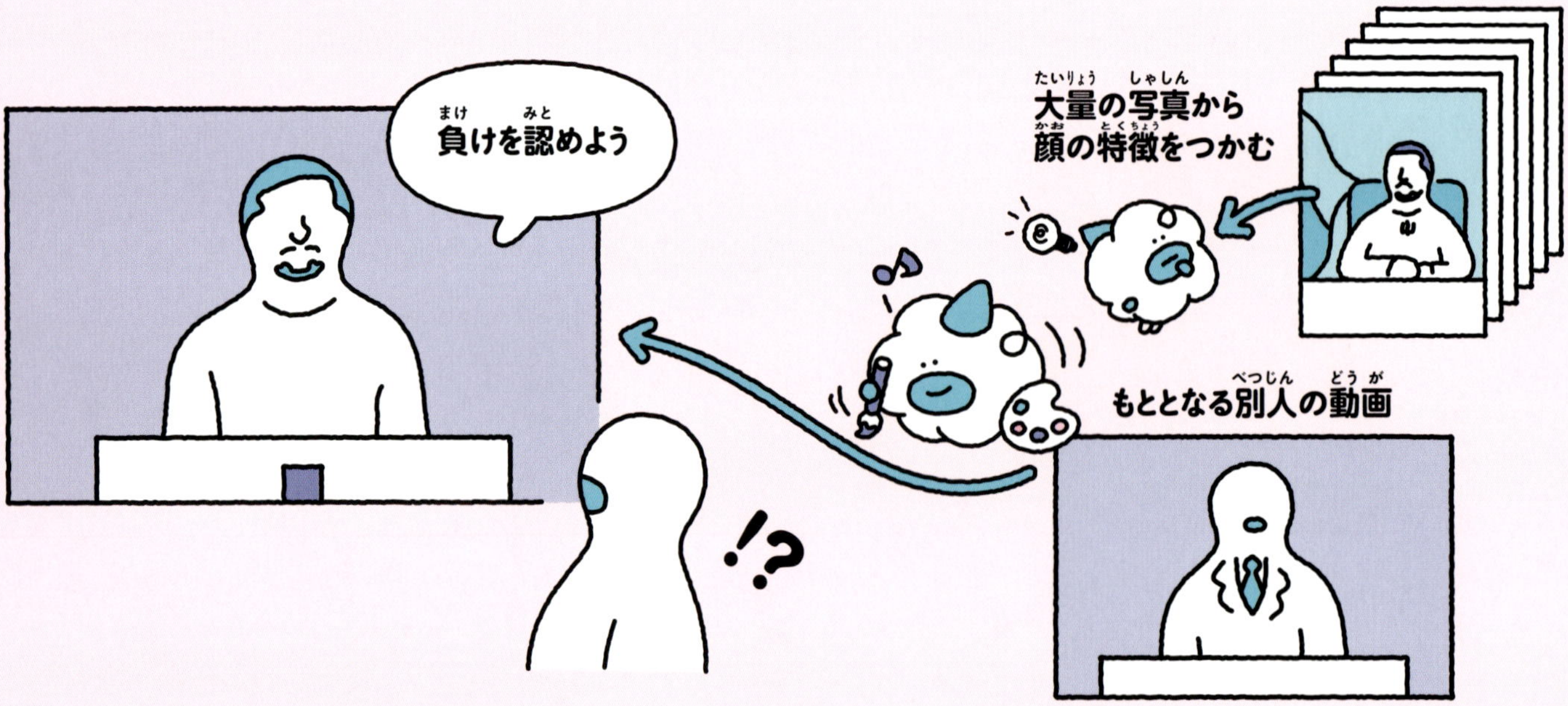

ロシア・ウクライナ戦争《せんそう》では、ウクライナのゼレンスキー大統領《だいとうりょう》が国民《こくみん》に対《たい》して「負《ま》けを認《みと》めてロシアに従《したが》おう」と語《かた》るディープフェイク動画《どうが》がインターネットで流《なが》され、話題《わだい》になりました。
出典《しゅってん》／「投降呼《とうこうよ》びかけるゼレンスキー氏《し》の偽動画《にせどうが》　米《べい》メタが削除《さくじょ》」（日本経済新聞《にほんけいざいしんぶん》）

とに悪用《あくよう》されれば、とても恐《おそ》ろしい事態《じたい》が生《しょう》じます。

ＡＩが兵器《へいき》に使《つか》われる危険《きけん》もあります。現在《げんざい》、ドローンなどを活用《かつよう》した無人兵器《むじんへいき》では、空中制御《くうちゅうせいぎょ》などにＡＩを使《つか》っても、人間《にんげん》を攻撃《こうげき》するときは人間《にんげん》の指示《しじ》で行《おこな》うという慣行《かんこう》が国際的《こくさいてき》に守《まも》られています。しかし、ＡＩだけで「敵《てき》」を探《さが》して攻撃《こうげき》する兵器《へいき》をつくることは技術的《ぎじゅつてき》には可能《かのう》です。

想像《そうぞう》してみてください。人間《にんげん》が命令《めいれい》せずともＡＩが自動的《じどうてき》に「敵《てき》」「味方《みかた》」を区別《くべつ》できるという前提《ぜんてい》のもと、機関銃《きかんじゅう》や爆弾《ばくだん》を放《はな》つ兵器《へいき》が世界中《せかいじゅう》で多量《たりょう》につくられたとしたら、その先《さき》にはどんな悲劇《ひげき》が起《お》こるでしょうか？　こうした兵器《へいき》については、国連《こくれん》の「特定通常兵器使用禁止制限条約《とくていつうじょうへいきしようきんしせいげんじょうやく》」という条約《じょうやく》をつくる会議《かいぎ》の中《なか》で、２０１４年《ねん》から国際的《こくさいてき》な話《はな》し合《あ》いが続《つづ》けられています。

ＡＩがとても便利《べんり》な道具《どうぐ》であるからこそ、その悪用《あくよう》は大《おお》きな危険《きけん》をはらんでいます。どうすればＡＩの悪用《あくよう》を未然《みぜん》に防《ふせ》ぐことができるのか。**技術的《ぎじゅつてき》な対策《たいさく》だけでなく、社会《しゃかい》のルールや規範《きはん》で対策《たいさく》できることはないか、国《くに》を越《こ》えて協力《きょうりょく》し、議論《ぎろん》していくことが大切《たいせつ》です。**

AIによる自律兵器《じりつへいき》

人間《にんげん》がいっさい操作《そうさ》せず、AIが自動《じどう》で「敵《てき》」を見《み》つけて攻撃《こうげき》する兵器《へいき》LAWS（ロウズ）は、技術的《ぎじゅつてき》には開発《かいはつ》できますが、現在《げんざい》は国際的《こくさいてき》な約束《やくそく》でそれを制限《せいげん》しています。

この章のまとめ

AIはいつでも正《ただ》しく働《はたら》くとは限《かぎ》りません。AIが間違《まちが》った結果《けっか》を出《だ》すこともあります。
p56-57

AIは、膨大《ぼうだい》なデータを統計的《とうけいてき》に分析《ぶんせき》するので学習《がくしゅう》データの量《りょう》が不十分《ふじゅうぶん》だったり、データそのものに間違《まちが》いがふくまれていると、適切《てきせつ》な結果《けっか》が出《だ》せないことがあります。

p56-57

AIがどう結論《けつろん》を導《みちび》くのかがブラックボックスで分《わ》からないために、学習《がくしゅう》したAIがいつも適切《てきせつ》な結果《けっか》を出《だ》せるのか見極《みきわ》めることが難《むずか》しいのです。

p56-57

どんなに優秀《ゆうしゅう》なAIであっても、間違《まちが》いを犯《おか》す可能性《かのうせい》はゼロでないと考《かんが》えて利用《りよう》しなければなりません。

p56-57

もしもAIが間違《まちが》いを犯《おか》したときは、その責任《せきにん》は誰《だれ》がとるべきなのでしょうか？

p58-59

自動運転車《じどううんてんしゃ》や医師会《いしかい》の例《れい》からも、そのAIに関《かん》わる人々《ひとびと》が真剣《しんけん》に話《はな》し合《あ》いを続《つづ》けることが大切《たいせつ》だと分《わ》かります。

p58-59

AIによる間違《まちが》いが起《お》こったときの影響《えいきょう》と原因《げんいん》について実例《じつれい》を見《み》てみましょう。

p60-61

採用《さいよう》AIの例《れい》では、学習《がくしゅう》データが持《も》つ偏《かたよ》りを、AIが学《まな》んでしまっていました。

p60-61

AIの開発者《かいはつしゃ》や利用者《りようしゃ》に差別的意図《さべつてきいと》がなくても、データに不公正《ふこうせい》な偏《かたよ》りがふくまれていると「AIによる差別《さべつ》」が生《しょう》じてしまうのです。

p60-61

AIの開発者《かいはつしゃ》や利用者《りようしゃ》が公正《こうせい》さを重《おも》んじる観点《かんてん》を持《も》っていなければ、問題《もんだい》の存在《そんざい》に気《き》づくのも難《むずか》しいでしょう。私《わたし》たちが自覚《じかく》できていない差別意識《さべついしき》や偏見《へんけん》は、AIの活用《かつよう》で助長《じょちょう》される危険《きけん》があります。

p60-61

誰《だれ》もが差別《さべつ》や偏見《へんけん》を無意識《むいしき》に持《も》ちえると認《みと》め、社会全体《しゃかいぜんたい》の偏見《へんけん》や差別《さべつ》をなくすよう働《はたら》きかけていく努力《どりょく》が必要《ひつよう》です。

p62-63

私《わたし》たちの無意識《むいしき》な差別《さべつ》や偏見《へんけん》を最小限《さいしょうげん》に抑《おさ》えてAIを活用《かつよう》するには次《つぎ》の２つの視点《してん》が役立《やくだ》ちます。

p64-65

１つ目《め》は「代理指標《だいりしひょう》」は不完全《ふかんぜん》だという理解《りかい》です。AIを開発《かいはつ》する際《さい》には目的《もくてき》を明確《めいかく》にし、収集《しゅうしゅう》するデータが本当《ほんとう》に目指《めざ》す指標《しひょう》を表《あらわ》すか慎重《しんちょう》に検討《けんとう》することが大切《たいせつ》です。

p64-65

２つ目《め》は「情報《じょうほう》の透明性《とうめいせい》」です。AI開発《かいはつ》の目的《もくてき》やアルゴリズム、学習《がくしゅう》データの収集方法《しゅうしゅうほうほう》などを明《あき》らかにして、AIの利用者《りようしゃ》やその影響《えいきょう》を受《う》ける人《ひと》がAIの中身《なかみ》を調《しら》べられるようにします。

p66-67

AIを利用《りよう》する側《がわ》はサービスに対《たい》して情報《じょうほう》の透明性《とうめいせい》を求《もと》めることが重要《じゅうよう》です。

p66-67

こうしたデータの偏《かたよ》りなどに対処《たいしょ》できても注意《ちゅうい》しておきたい点《てん》が残《のこ》っています。AIによる「判断《はんだん》」が人間《にんげん》の判断《はんだん》とは異《こと》なるかもしれないという事実《じじつ》です。

p68-69

画像認識《がぞうにんしき》の例《れい》のように、実《じつ》はAIが人間《にんげん》とはまったく違《ちが》う観点《かんてん》で判断《はんだん》していても表面的《ひょうめんてき》な結果《けっか》は同《おな》じ場合《ばあい》があるのです。

p68-69

AIがうまく活用《かつよう》できている場合《ばあい》でも、ときどき立《た》ち止《ど》まって「本当《ほんとう》に大丈夫《だいじょうぶ》か」と考《かんが》えてみることも大切《たいせつ》です。

p68-69

誰《だれ》か他人《たにん》に危害《きがい》を与《あた》える目的《もくてき》でAIが使《つか》われる危険《きけん》もあります。

p70-71

生成《せいせい》AIを使《つか》ったディープフェイク動画《どうが》や、自動的《じどうてき》に敵《てき》を攻撃《こうげき》する無人《むじん》のAI兵器《へいき》など、AIがとても便利《べんり》な道具《どうぐ》であるからこそ、その悪用《あくよう》は大《おお》きな危険《きけん》をはらんでいます。

p70-71

どうすればAIの悪用《あくよう》を防《ふせ》げるのか。技術的《ぎじゅつてき》な対策《たいさく》だけでなく、国《くに》を越《こ》えて協力《きょうりょく》し、議論《ぎろん》していくことが大切《たいせつ》です。

p70-71

第4章

A《エー》I《アイ》と どう生《い》きる？

01 A《エー》I《アイ》時《じ》代《だい》の幸《しあわ》せとは？

AIと生《い》きていく社会《しゃかい》での幸《しあわ》せとは？

AIの技術《ぎじゅつ》が発展《はってん》することで、私《わたし》たちの生活《せいかつ》はとても便利《べんり》になってきています。この先《さき》、AI技術《ぎじゅつ》が社会《しゃかい》にいっそう深《ふか》く組《く》み込《こ》まれていくとしたら、AI時代《じだい》を生《い》きる私《わたし》たちは、どんな「幸《しあわ》せ」を求《もと》めていけばいいのでしょうか。

ものごとが変化《へんか》するときには、得《え》ることだけではなく失《うしな》うこと、手放《てばな》さなければならないこともあります。

例《たと》えば、監視《かんし》カメラの映像《えいぞう》をAIが常《じょう》時《じ》分析《ぶんせき》することにより、ナイフや銃《じゅう》を所《しょ》持《じ》した人物《じんぶつ》や、不審《ふしん》な人物《じんぶつ》を事前《じぜん》に発見《はっけん》することも可能《かのう》になります。これによって、社会《しゃかい》の安全性《あんぜんせい》は大《おお》きく高《たか》まるかもしれません。しかし、その安全《あんぜん》を手《て》に入《い》れるには、自分《じぶん》たちがいつもAIに見張《みは》られている暮《く》らしを受《う》け入《い》れなければなりません。そのとき、私《わたし》たちのプライバシーはどうなっていくのでしょうか？

少《すこ》し極端《きょくたん》な例《れい》を考《かんが》えてみましょう。技《ぎ》術《じゅつ》が発展《はってん》することで、全身《ぜんしん》にVR《ブイアール》装置《そうち》を身《み》につけた人《ひと》が寝《ね》たままチューブで栄養《えいよう》をとって、何十年《なんじゅうねん》も好《す》きなゲームや物語《ものがたり》の世界《せかい》にひたって生《い》きる未来《みらい》が実現《じつげん》したとします。あなたはそれを「幸《しあわ》せ」だと歓迎《かんげい》しますか？

きっと、イエス、ノーの両方《りょうほう》があるでしょう。技術《ぎじゅつ》によって実現《じつげん》できる未来《みらい》の可能性《かのうせい》が広《ひろ》がっていくのだとしたら、どんな未来《みらい》を迎《むか》えたいのか、それを決《き》めていくのは私《わたし》たち自身《じしん》です。

AIを使《つか》ってより良《よ》い社会《しゃかい》を築《きず》くためには、**AIの活用《かつよう》が私《わたし》たちの生活《せいかつ》にどんな影響《えいきょう》を及《およ》ぼすのかという観点《かんてん》**を常《つね》に忘《わす》れず、想像力《そうぞうりょく》を働《はたら》かせることが必要《ひつよう》です。

そして、どんな技術《ぎじゅつ》の進歩《しんぽ》にも、得《え》るものと失《うしな》うものがあります。そんな時《とき》、鍵《かぎ》になるのは「失《うしな》いたくないものは何《なに》か」を自覚《じかく》すること、言《い》い換《か》えれば、**「どんな未来《みらい》を望《のぞ》み、どんな未来《みらい》を望《のぞ》まないのか」**というビジョンをしっかりと持《も》つことです。

第《だい》3章《しょう》の内容《ないよう》を思《おも》い出《だ》してください。AI技術《ぎじゅつ》をどう使《つか》うべきか、どう使《つか》ってはいけないのか。技術《ぎじゅつ》の透明性《とうめいせい》を守《まも》り、悪用《あくよう》を防《ふせ》ぐ方法《ほうほう》について考《かんが》えましょう。未来《みらい》は、私《わたし》たち一人《ひとり》ひとりが自分《じぶん》の考《かんが》えを持《も》ち、みんなで議論《ぎろん》し、そしてそれぞれの行動《こうどう》の積《つ》み重《かさ》ねをすることから形《かたち》づくられます。

メリットとデメリットは表裏一体《ひょうりいったい》

個人《こじん》の好《す》きなものや食《た》べものをAIが解析《かいせき》して何《なん》でも自動購入《じどうこうにゅう》してくれる未来《みらい》では、予想外《よそうがい》のものに出会《であ》う機会《きかい》が少《すく》なくなるかもしれません。

街中《まちなか》の防犯《ぼうはん》カメラが、不審者《ふしんしゃ》を区別《くべつ》できると防犯《ぼうはん》になりますが、誰《だれ》もが監視《かんし》される暮《く》らしを受《う》け入《い》れなくてはいけません。

便利《べんり》＝幸《しあわ》せ？

未来《みらい》では、ベッドでゲームをしたり物語《ものがたり》を見《み》たりしたまま一生過《いっしょうす》ごせるようになるかもしれません。でも、それを幸《しあわ》せと考《かんが》えるかどうかは人《ひと》によって異《こと》なるでしょう。

02 どんな未来《みらい》を創《つく》りたいか

平《びょう》等《どう》

すべての人《ひと》に等《ひと》しい支援《しえん》を与《あた》えること。

不《ふ》平《びょう》等《どう》

あなたの理想《りそう》は平等《びょうどう》？それとも公平《こうへい》？

目指《めざ》す未来像《みらいぞう》を考《かんが》えるには、何《なに》を大切《たいせつ》にして、どんな社会《しゃかい》を望《のぞ》むかを考《かんが》えなければなりません。ところが、未来《みらい》に何《なに》を望《のぞ》むのかは人《ひと》によって異《こと》なり、正解《せいかい》はありません。どうすればいいのでしょう。

まずは**まわりの人《ひと》と積極的《せっきょくてき》に話《はな》し合《あ》うようにしましょう**。人《ひと》と話《はな》し合《あ》うと異質《いしつ》な意見《いけん》に出会《であ》い、「そういう考《かんが》え方《かた》もあるのか」「なぜそう捉《とら》えるんだろう」などと自分《じぶん》の考《かんが》えを振《ふ》り返《かえ》れます。対話《たいわ》を繰《く》り返《かえ》すことは異《こと》なる観点《かんてん》を学《まな》ぶだけではなく、自分《じぶん》の意見《いけん》をわかりやすく説明《せつめい》したり、相手《あいて》を傷《きず》つけないよう反対意見《はんたいいけん》を述《の》べたりする訓練《くんれん》にもなります。こうした知恵《ちえ》のすべては、社会《しゃかい》をより良《よ》いものにしようと考《かんが》え、声《こえ》をあげるのに役立《やくだ》つものです。

さらにここでは、**みんなで未来《みらい》を考《かんが》えるためのヒントとして「平等《びょうどう》」「公平《こうへい》」「正義《せいぎ》」という三《みっ》つを紹介《しょうかい》します。**

「平等《びょうどう》」とは、個人《こじん》の違《ちが》いにかかわらず、すべての人々《ひとびと》に等《ひと》しい支援《しえん》を提供《ていきょう》することを意味《いみ》します。例《たと》えば、誰《だれ》もが同《おな》じ質《しつ》の教育《きょういく》を受《う》ける権利《けんり》がある場合《ばあい》、それは平等《びょうどう》な教育《きょういく》と考《かんが》えられます。

「公平《こうへい》」とは、人々《ひとびと》の個々《ここ》の能力《のうりょく》や状況《じょうきょう》を考慮《こうりょ》し、それに応《おう》じた適切《てきせつ》な支援《しえん》を与《あた》えることです。平等《びょうどう》がすべての人《ひと》に等《ひと》しい支援《しえん》を提供《ていきょう》することを指《さ》すのに対《たい》し、公平《こうへい》は最終的《さいしゅうてき》にすべての人《ひと》が等《ひと》しい結果《けっか》を得《え》ることを目指《めざ》します。

そして「正義《せいぎ》」とは、社会《しゃかい》に存在《そんざい》する不平等《ふびょうどう》の根本的《こんぽんてき》な原因《げんいん》を解決《かいけつ》することで、みんなが同《おな》じチャンスを持《も》てるようにすることです。問題《もんだい》の表面的《ひょうめんてき》な対応《たいおう》ではなく、深《ふか》く根差《ねざ》した原因《げんいん》を見《み》つけ出《だ》し、それに対処《たいしょ》することが求《もと》められます。

まわりの人《ひと》と意見交換《いけんこうかん》するときには、**自分《じぶん》たちが平等《びょうどう》・公平《こうへい》・正義《せいぎ》のどれについて話《はな》しているのか、その観点《かんてん》は問題《もんだい》の原因《げんいん》**

正義《せいぎ》

不平等《ふびょうどう》の根本的《こんぽんてき》な原因《げんいん》を解決《かいけつ》し、すべての人《ひと》が同《おな》じチャンスを持《も》てるようにすること。

公平《こうへい》

個々《ここ》の差《さ》を考慮《こうりょ》して支援《しえん》を与《あた》えることで、すべての人《ひと》が等《ひと》しい結果《けっか》を得《え》られる状態《じょうたい》。

を捉《とら》えているのか、考《かんが》えることが大切《たいせつ》です。

私《わたし》たちの社会《しゃかい》に存在《そんざい》しているあらゆる問題《もんだい》に対《たい》して、「正義《せいぎ》」を完璧《かんぺき》に実現《じつげん》するのは難《むずか》しいかもしれません。しかしそれでも、根本的《こんぽんてき》な原因《げんいん》を理解《りかい》しようと努力《どりょく》し、そこに向《む》かって話《はな》し合《あ》うことは、より良《よ》い未来《みらい》を築《きず》くための大切《たいせつ》な第一歩《だいいっぽ》といえるでしょう。

公正《こうせい》と効率《こうりつ》

社会《しゃかい》を公平《こうへい》に運営《うんえい》する上《うえ》で、「公正《こうせい》」と「効率《こうりつ》」という二《ふた》つの概念《がいねん》は非常《ひじょう》に重要《じゅうよう》です。「公正《こうせい》」とは、決《き》まりをつくる過程《かてい》がすべての人《ひと》にとって納得《なっとく》がいくものであり、機会《きかい》が不当《ふとう》に制限《せいげん》されたり、不当《ふとう》な結果《けっか》を押《お》しつけられたりする人《ひと》が出《で》ない状態《じょうたい》のことを指《さ》します。一方《いっぽう》、「効率《こうりつ》」とは、使用《しよう》する資源《しげん》(お金《かね》や時間《じかん》など)を最小限《さいしょうげん》に抑《おさ》えつつ、成果《せいか》を最大限《さいだいげん》に引《ひ》き出《だ》すことを意味《いみ》します。

例《たと》えば、コロナ禍《か》で日本が取《と》り組《く》んだ経済対策《けいざいたいさく》を見《み》てみましょう。売上《うりあげ》が減少《げんしょう》した中小企業《ちゅうしょうきぎょう》や個人事業主《こじんじぎょうぬし》を対象《たいしょう》にした「持続化給付金《じぞくかきゅうふきん》」は、特《とく》に経済的《けいざいてき》な困難《こんなん》を抱《かか》える人々《ひとびと》に対《たい》して支援《しえん》を届《とど》けることを目的《もくてき》としていました。これはどちらかというと「公正《こうせい》」の考《かんが》え方《かた》を反映《はんえい》しており、申請《しんせい》には売上《うりあげ》の変動《へんどう》を示《しめ》す必要《ひつよう》があり、ある程度《ていど》の手間《てま》が伴《ともな》いました。一方《いっぽう》で、全国民《ぜんこくみん》に一律《いちりつ》10万円《まんえん》を配布《はいふ》した「特別定額給付金《とくべつていがくきゅうふきん》」は、手続《てつづ》きが比較的簡単《ひかくてきかんたん》で、迅速《じんそく》に支援《しえん》を届《とど》ける「効率《こうりつ》」を追求《ついきゅう》した政策《せいさく》でした。

公正《こうせい》と効率《こうりつ》は、時《とき》としてバランスを取《と》ることが難《むずか》しいものです。社会《しゃかい》の課題《かだい》に対処《たいしょ》する際《さい》には、これら二《ふた》つの視点《してん》を考慮《こうりょ》し、知恵《ちえ》を絞《しぼ》りながら解決《かいけつ》を図《はか》っていくことが求《もと》められます。

社会《しゃかい》の問題《もんだい》を解決《かいけつ》するのは人間《にんげん》の重要《じゅうよう》な役割《やくわり》

これまでＡＩと社会《しゃかい》の課題《かだい》について考《かんが》えてきましたが、**実際《じっさい》の社会《しゃかい》で起《お》こる問題《もんだい》の多《おお》くは、ＡＩの性能《せいのう》が向上《こうじょう》してもそれだけで解決《かいけつ》されるものではありません。**ＡＩは計算《けいさん》や分析《ぶんせき》が得意《とくい》な道具《どうぐ》であり、大量《たいりょう》のデータからその中《なか》の特徴《とくちょう》や傾向《けいこう》を見《み》つけ出《だ》してくれますが、私《わたし》たちの社会《しゃかい》が抱《かか》える問題《もんだい》の解決《かいけつ》には、人間同士《にんげんどうし》の対話《たいわ》が必要《ひつよう》です。

例《たと》えば、地球温暖化《ちきゅうおんだんか》の問題《もんだい》を考《かんが》えてみましょう。確《たし》かに、世界各地《せかいかくち》で測定《そくてい》される気温《きおん》や天候《てんこう》などに関《かん》するデータを大量《たいりょう》に集《あつ》め、ＡＩで分析《ぶんせき》すれば、人間《にんげん》だけでは気《き》づかなかった解決方法《かいけつほうほう》を得《え》られるかもしれません。

しかし、実際《じっさい》は国同士《くにどうし》の複雑《ふくざつ》な関係《かんけい》が関《かか》わってきます。例《たと》えば、工業化《こうぎょうか》に力《ちから》を入《い》れている国《くに》は、地球温暖化《ちきゅうおんだんか》の原因《げんいん》となる二酸化炭素《にさんかたんそ》の排出量《はいしゅつりょう》が増《ふ》えているため、そのデータの公開《こうかい》を拒《こば》むかもしれません。二酸化炭素《にさんかたんそ》の排出《はいしゅつ》が増《ふ》えたとわかれば、工業化《こうぎょうか》のスピードを鈍《にぶ》らせるような規制《きせい》を他国《たこく》から要求《ようきゅう》される場合《ばあい》があるからです。温暖化《おんだんか》による深刻《しんこく》な影響《えいきょう》がすでに出《で》ている国《くに》と、そうでない国《くに》でも、意見《いけん》が分《わ》かれるかもしれません。また、ＡＩによって結論《けつろん》が異《こと》なる場合《ばあい》にも、どう解釈《かいしゃく》して調整《ちょうせい》するかの話《はな》し合《あ》いが必要《ひつよう》になります。

どんなに高性能《こうせいのう》なＡＩが開発《かいはつ》されても、私《わたし》たち人間《にんげん》が直面《ちょくめん》する問題《もんだい》を解決《かいけつ》するには、人《ひと》と人《ひと》とが協力《きょうりょく》し合《あ》うことが不可欠《ふかけつ》です。問題解決《もんだいかいけつ》への道《みち》は、十分《じゅうぶん》な対話《たいわ》と協働《きょうどう》によってのみ成《な》し遂《と》げられます。

ＡＩは確《たし》かに強力《きょうりょく》なツールですが、最終的《さいしゅうてき》には私《わたし》たち自身《じしん》が解決策《かいけつさく》を見《み》つけ出《だ》さなければなりません。

AIだけでは解決《かいけつ》できない

地球温暖化問題《ちきゅうおんだんかもんだい》のように人類全体《じんるいぜんたい》の問題《もんだい》であっても、さまざまな立場《たちば》によってデータ提供《ていきょう》や対策《たいさく》の進《すす》め方《かた》に態度《たいど》の違《ちが》いが生《う》まれます。これを解決《かいけつ》するには、何《なに》よりも私《わたし》たち自身《じしん》の話《はな》し合《あ》いが重要《じゅうよう》です。

しかし、対話《たいわ》だけでは足《た》りないこともあります。差別《さべつ》や理解《りかい》を得《え》にくい問題《もんだい》に直面《ちょくめん》している人々《ひとびと》が、今《いま》の社会構造《しゃかいこうぞう》の中《なか》で自分《じぶん》の声《こえ》を容易《ようい》に上《あ》げられないことがあります。こうした、社会《しゃかい》の中《なか》で声《こえ》を上《あ》げにくい状況《じょうきょう》にある人々《ひとびと》の声《こえ》も、重要《じゅうよう》な役割《やくわり》を果《は》たします。

私《わたし》たちは、他者《たしゃ》との対話《たいわ》を重《かさ》ねるだけでなく、まだ声《こえ》を上《あ》げられていない人《ひと》がいるなら、その声《こえ》に耳《みみ》を傾《かたむ》ける姿勢《しせい》を持《も》つことも求《もと》められています。**自分《じぶん》から声《こえ》を上《あ》げることが難《むずか》しい人々《ひとびと》の存在《そんざい》を想像《そうぞう》し、彼《かれ》らの声《こえ》を引《ひ》き出《だ》そうとする努力《どりょく》は、AIではなく人間《にんげん》だからこそできる、貴《き》重《ちょう》な取《と》り組《く》みです。**

アサーションスキルとは？

アサーションスキルとは英語《えいご》で「主張《しゅちょう》や言《い》い分《ぶん》を伝《つた》える技術《ぎじゅつ》」という意味《いみ》。「誰《だれ》でも自分《じぶん》の考《かんが》えを主張《しゅちょう》する権利《けんり》がある」という観点《かんてん》から、他人《たにん》の考《かんが》えを尊重《そんちょう》しつつも自分《じぶん》の考《かんが》えをしっかりと伝《つた》えるための能《のう》力《りょく》を指《さ》します。相手《あいて》の意見《いけん》に耳《みみ》を傾《かたむ》けつつ、自分《じぶん》も主張《しゅちょう》する。バランスの取《と》れた表現《ひょうげん》の技術《ぎじゅつ》を身《み》につけると、話《はな》し合《あ》いで他人《たにん》に誤解《ごかい》を与《あた》えたり、トラブルになったりすることを減《へ》らせます。アサーションスキルを身《み》につけるには、まず自分《じぶん》の考《かんが》えや感情《かんじょう》を理解《りかい》し、言葉《ことば》で表現《ひょうげん》することが大切《たいせつ》です。また、他人《たにん》の意見《いけん》を尊重《そんちょう》し、聞《き》く姿勢《しせい》も重要《じゅうよう》です。友《とも》だちや家族《かぞく》との会話《かいわ》で、自分《じぶん》の意見《いけん》だけでなく気持《きも》ちも言葉《ことば》にする。相手《あいて》の話《はなし》もしっかり聞《き》く。そこから始《はじ》めてみましょう。

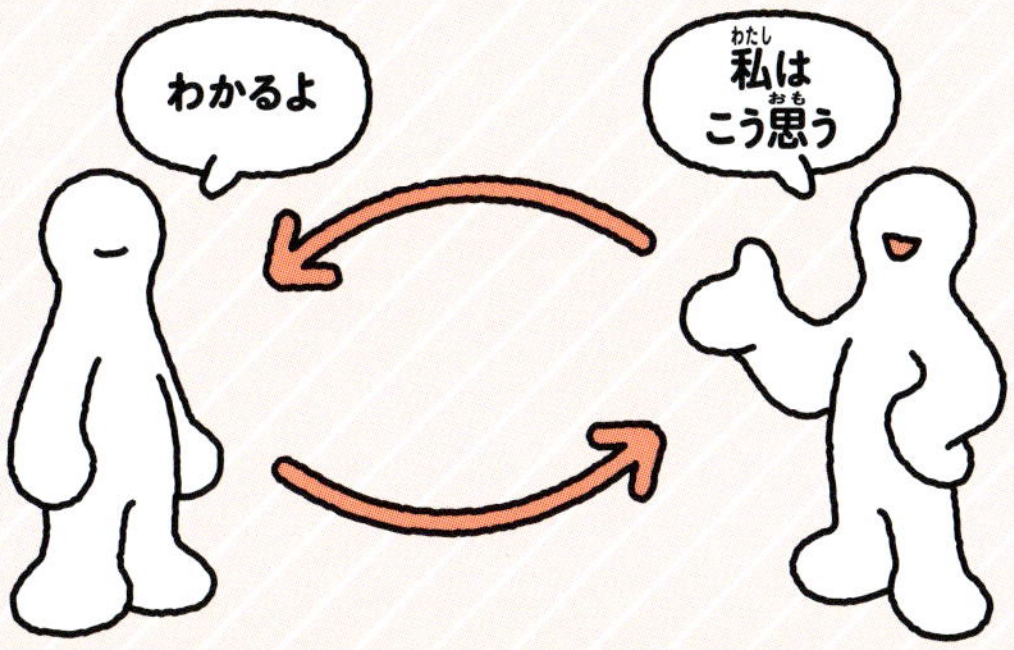

民主主義《みんしゅしゅぎ》＝多数決《たすうけつ》ではない

多数決《たすうけつ》で決《き》めるとダンスになりますが、クラスの1/3も反対《はんたい》していて「みんなが出《だ》した結論《けつろん》」だといえるでしょうか。

じっくり話《はな》し合《あ》って、それぞれがやりたいこと・やりたくないことを整理《せいり》していきます。

ダンスと劇《げき》を合《あ》わせた「ミュージカル」にすることで、みんなが望《のぞ》む形《かたち》で、新《あたら》しい出《だ》しものを実現《じつげん》することができました。

対話《たいわ》による合意形成《ごういけいせい》とはどういうことか

実《じつ》のところ、社会《しゃかい》の課題解決《かだいかいけつ》は算数《さんすう》のように一《ひと》つの正解《せいかい》が決《き》まっているわけではありません。だからこそ、みんなで意《い》見《けん》を出《だ》し合《あ》って、自分《じぶん》とは違《ちが》う考《かんが》え方《かた》や視点《してん》を学《まな》びながら話《はな》し合《あ》うことに意味《いみ》があります。時《とき》には、異《こと》なる意見《いけん》の衝突《しょうとつ》が新《あたら》しいアイデアを生《う》むこともあるでしょう。**こうした対話《たいわ》を重《かさ》ねることが、「民《みん》主主義《しゅしゅぎ》」的《てき》に合意形成《ごういけいせい》を行《おこな》うための鍵《かぎ》となります。**

民主主義《みんしゅしゅぎ》という言葉《ことば》を聞《き》くと、多《おお》くの人《ひと》が「多数決《たすうけつ》」を思《おも》い浮《う》かべるかもしれません。しかしながら、これは民主主義《みんしゅしゅぎ》の本質《ほんしつ》であるとはいえません。民主主義《みんしゅしゅぎ》とは、問題《もんだい》に関係《かんけい》する人《ひと》たち全員《ぜんいん》が納得《なっとく》のいく答《こた》えを出《だ》すプロセスです。多《おお》くの人々《ひとびと》が直接話《ちょくせつはな》し合《あ》うことが難《むずか》しいとき、多数決《たすうけつ》や選挙《せんきょ》が採用《さいよう》されますが、これらはあくまでも合意形成《ごういけいせい》に向《む》けた一《ひと》つの方《ほう》法《ほう》に過《す》ぎません。

具体例《ぐたいれい》を挙《あ》げましょう。学校《がっこう》の学芸会《がくげいかい》でクラスの出《だ》しものを決めるとき、「ダンス」がしたい生徒《せいと》と「劇《げき》」がしたい生徒《せいと》がいた場合《ばあい》を考《かんが》えます。もし多数決《たすうけつ》により「ダンス」が選《えら》ばれたとしても、「劇《げき》」がやりたい人《ひと》の意見《いけん》が切《き》り捨《す》てられてしまったこの結論《けつろん》は、本当《ほんとう》に民主的《みんしゅてき》な決定《けってい》だといえるでしょうか。

ダンスにしたい理由《りゆう》、劇《げき》にしたい理由《りゆう》、それぞれ誰《だれ》がどんな理由《りゆう》で賛成《さんせい》・反対《はんたい》しているのか。しっかり話《はな》し合《あ》いを続《つづ》けていくと、双方《そうほう》の意見《いけん》を取《と》り入《い》れて「ミュージカルのようにできるのではないか」といった新《あら》たな解決法《かいけつほう》が生《う》まれることもあります。このアプローチでは、単《たん》に意見《いけん》の対立《たいりつ》を解消《かいしょう》するのではなく、「全員《ぜんいん》が嫌《いや》な思《おも》いをしないためにはどうすればいいか」という共通《きょうつう》のゴールを目指《めざ》しています。それは、「誰《だれ》かにとっての最高《さいこう》の結果《けっか》」にこだわるのではなく、「全員《ぜんいん》が受《う》け入《い》れられる結果《けっか》」を目指《めざ》すことにほかなりません。

民主主義《みんしゅしゅぎ》では、対立《たいりつ》する相手《あいて》を打《う》ち負《ま》かすことを目的《もくてき》とするのではなく、「対立《たいりつ》の根底《こんてい》にある問題《もんだい》は何《なに》か、それをどうすれば解決《かいけつ》できるのか」を探《さぐ》ることが不可欠《ふかけつ》なのです。

ケアの視点《してん》を持《も》とう

すべての人《ひと》が自分《じぶん》の考《かんが》えを持《も》ち、それを説明《せつめい》できるわけではありません。

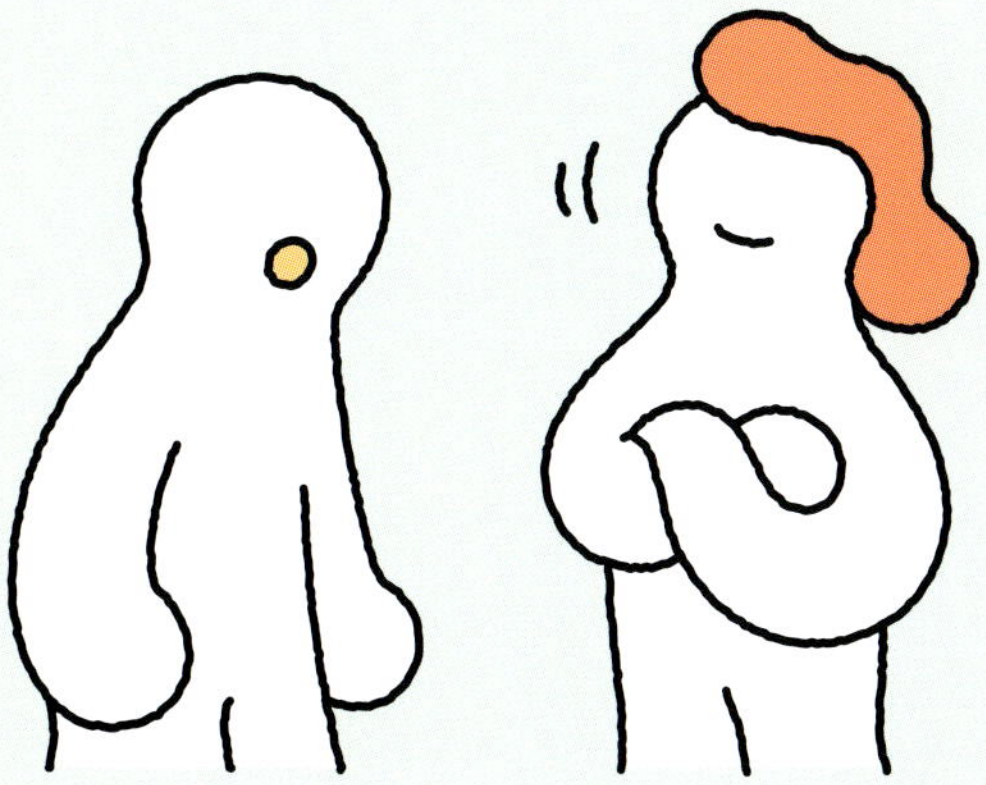

不利益《ふりえき》を被《こうむ》る人《ひと》がいないか想像力《そうぞうりょく》をめぐらせ、聞《き》き出《だ》そうとする姿勢《しせい》も大切《たいせつ》です。

それぞれの特技《とくぎ》や好《この》みの違《ちが》いを活《い》かすことで、より良《よ》い結果《けっか》が生《う》まれます。

03 AIと生《い》きるあなたへ

AI時代《じだい》だからこそ大事《だいじ》にしたい二《ふた》つのこと

ＡＩとともに生《い》きる時代《じだい》だからこそ、以前《いぜん》よりもいっそう大事《だいじ》にしてほしいことが2つあります。

一《ひと》つ目《め》は**「身体感覚《しんたいかんかく》」**です。身体感覚《しんたいかんかく》とは、私《わたし》たちの視覚《しかく》、聴覚《ちょうかく》、触覚《しょっかく》といった「五感《ごかん》」だけではなく、緊張《きんちょう》したときのドキドキや、おなかが減《へ》ったときのイライラなど、身体《からだ》や心《こころ》の感覚《かんかく》すべてを指《さ》します。

例《たと》えば、毎日《まいにち》、バスで移動《いどう》していた道《みち》を、気《き》まぐれに歩《ある》いてみたらふしぎな風景《ふうけい》やおもしろいお店《みせ》に気《き》づいたといった経験《けいけん》はありませんか？

「便利《べんり》」な技術《ぎじゅつ》は、目的《もくてき》を達成《たっせい》するまでの時間《じかん》や過程《かてい》を短縮《たんしゅく》・省略《しょうりゃく》します。早《はや》く目的地《もくてきち》に行《い》きたいならばバスや車《くるま》は便利《べんり》です。でも、自分《じぶん》の足《あし》で歩《ある》いてみると、鳥《とり》の声《こえ》やお店《みせ》の匂《にお》い、坂道《さかみち》や地面《じめん》のでこぼこ、さまざまな感覚《かんかく》を通《つう》じて体《からだ》へ情報《じょうほう》が入《はい》ってきます。その道《みち》のりを深《ふか》くイメージできるようになると、バスの窓《まど》に映《うつ》る風景《ふうけい》すらふしぎと違《ちが》って見《み》えてきます。

この先《さき》「ＡＩのおかげで便利《べんり》だな」と感《かん》じたら、その便利《べんり》さによってあなたは何《なん》の体験《たいけん》の機会《きかい》を失《うしな》っているのか。想像《そうぞう》してみましょう。

二《ふた》つ目《め》は**「ものごとの本質《ほんしつ》を探《さぐ》る。哲学《てつがく》すること」**です。ものごとの表面《ひょうめん》ではなく根《ね》っこにある本質《ほんしつ》を捉《とら》えて新《あたら》しい技術《ぎじゅつ》と組《く》み合《あ》わせると、新《あら》たなアイデアが生《う》まれることがあります。

その一例《いちれい》は、「民泊《みんぱく》」という概念《がいねん》を世《よ》に広《ひろ》めたＡｉｒｂｎｂ《エアビーアンドビー》というインターネットサービスです。ホテルと聞《き》くと誰《だれ》もが「宿泊《しゅくはく》する建物《たてもの》」だと考《かんが》えますが、Ａｉｒｂｎｂ《エアビーアンドビー》は「ホテルとは建物《たてもの》ではなく、宿泊《しゅくはく》する場《ば》を提供《ていきょう》すること」だと捉《とら》え直《なお》すことで、泊《と》まりたい人《ひと》と宿泊場所《しゅくはくばしょ》を提供《ていきょう》する人《ひと》を結《むす》びつけるサービスを生《う》み出《だ》しました。ＡＩの進歩《しんぽ》によってさまざまな仕事《しごと》やものごとが変《か》わりつつある今《いま》、これまで当《あ》たり前《まえ》に捉《とら》えていた「ものごと」の本質《ほんしつ》を問《と》い直《なお》すこともきっと役《やく》に立《た》つでしょう。例《たと》えばあなたにとって「学校《がっこう》」の本質《ほんしつ》とは何《なん》でしょうか？きっと、勉強《べんきょう》を教《おし》えてもらう場所《ばしょ》ということだけではないはずです。

この二《ふた》つを大切《たいせつ》にして、人間《にんげん》としての豊《ゆた》かな感覚《かんかく》と思考《しこう》を保《たも》つことが、ＡＩとともにより良《よ》い未来《みらい》を築《きず》いていくことに役立《やくだ》つでしょう。

データにふくまれない「身体感覚《しんたいかんかく》」

例《たと》えば料理《りょうり》の「おいしさ」を決《き》めるのは何《なん》でしょうか？　レシピや栄養素《えいようそ》はAIがデータで分析《ぶんせき》できます。でも実際《じっさい》には、盛《も》り付《つ》け方《かた》やお皿《さら》のデザイン、まわりの雰囲気《ふんいき》、自分《じぶん》のおなかのすき具合《ぐあい》まで、さまざまな要因《よういん》で「おいしさ」は変《か》わります。誰《だれ》と食《た》べるかも関係《かんけい》するでしょう。AIを活用《かつよう》しつつも、AIにはない身体感覚《しんたいかんかく》に注意《ちゅうい》を向《む》けることで、本当《ほんとう》に大切《たいせつ》なことを見失《みうしな》わないようにしましょう。

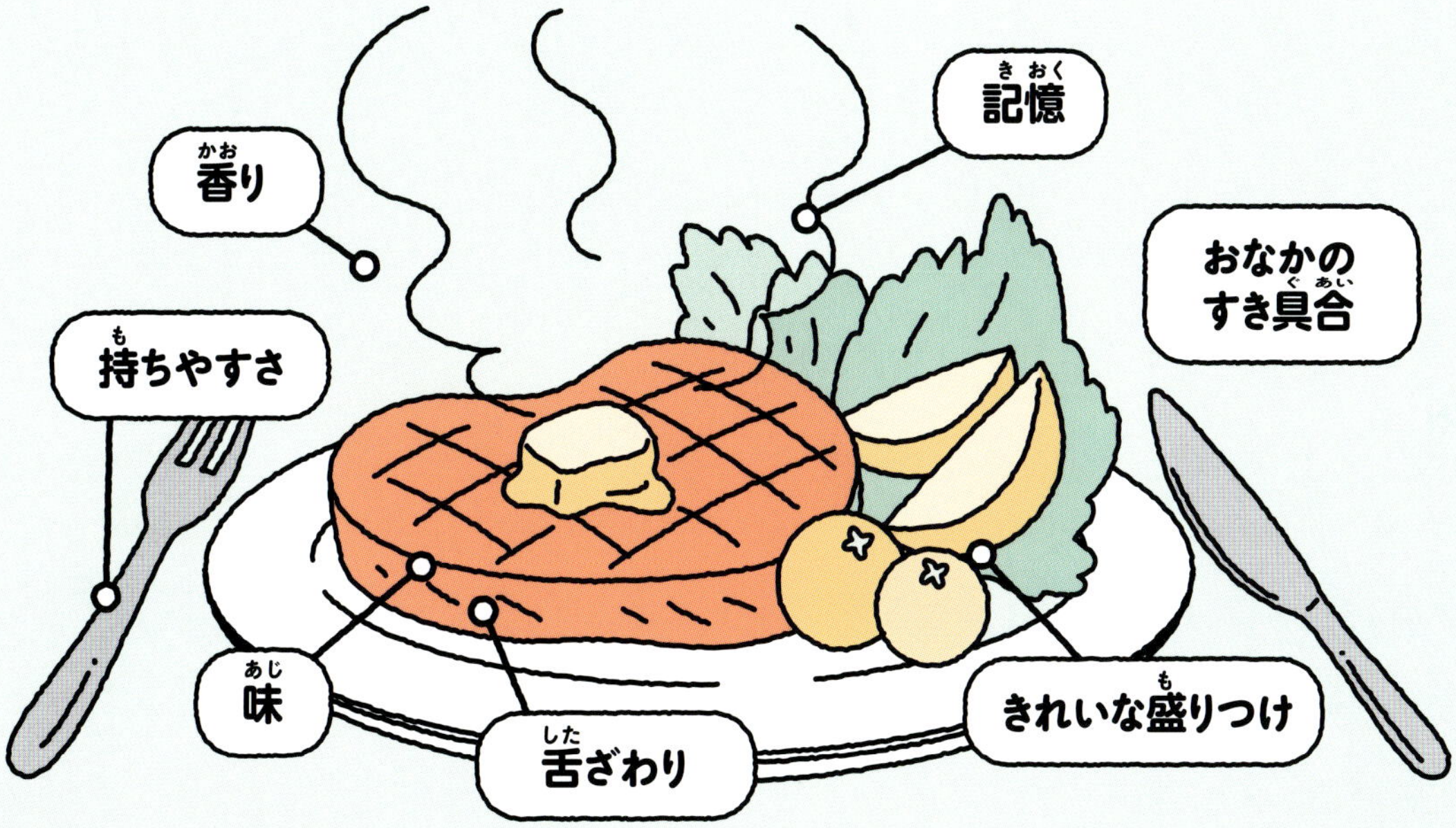

ものごとの本質《ほんしつ》を考《かんが》える

ある人《ひと》が電動《でんどう》ドリルを求《もと》めて工具屋《こうぐや》に行《い》きますが、品切《しなぎ》れだと言《い》われて帰《かえ》ります。しかし、工具屋《こうぐや》の店員《てんいん》が、その人《ひと》の要望《ようぼう》をよく聞《き》き出《だ》せば、別《べつ》の穴《あな》あけ工具《こうぐ》や、穴《あな》があいた板《いた》を買《か》ってもらうこともできたかもしれません。必要《ひつよう》なのはドリルそのものではなく、「穴《あな》をあけること・もの」もしくは「穴《あな》」そのものだったはずです。本質《ほんしつ》を考《かんが》えるとは、表面上《ひょうめんじょう》に現《あらわ》れた言葉《ことば》や事象《じしょう》ではなく、その背後《はいご》にあることに目《め》を向《む》けて捉《とら》えるということです。

あなたも未来《みらい》を変《か》えるチェンジメーカーに

　AIという道具《どうぐ》によって、私《わたし》たちは誰《だれ》しも、世界《せかい》を前向《まえむ》きに変《か》えていくことができる可能性《かのうせい》を手《て》にしました。そして、私《わたし》たちが世界《せかい》をより良《よ》く変《か》えようとするときに働《はたら》くのが三《みっ》つの力《ちから》、「Fantasy（ファンタジー）」「Vision（ビジョン）」「Reality（リアリティ）」です。

　ファンタジーは、想像力《そうぞうりょく》と創造力《そうぞうりょく》を駆《く》使《し》する力《ちから》です。未来《みらい》はこうあるべきだと思《おも》える理想像《りそうぞう》は、時《とき》として現実《げんじつ》から離《はな》れた夢《ゆめ》や空想《くうそう》の中《なか》に見《み》つかります。新《あたら》しい未来《みらい》を描《えが》くためには、今《いま》の現実《げんじつ》にとらわれず想像力《そうぞうりょく》を発揮《はっき》することが大切《たいせつ》です。

　ビジョンは、道《みち》を描《えが》く力《ちから》です。「AIを正《ただ》しく使《つか》うには、高《たか》い透明性《とうめいせい》を目指《めざ》そう」といったように、理想《りそう》の未来《みらい》に向《む》けて現在《げんざい》がどう変《か》わればいいのか、その方《ほう》向性《こうせい》を示《しめ》します。ファンタジーが遠《とお》い海《うみ》の向《む》こうにある理想郷《りそうきょう》だとすれば、ビジョンは船《ふね》の針路《しんろ》を測《はか》る羅針盤《らしんばん》です。夢《ゆめ》がずっと遠《とお》くにあっても、正《ただ》しい方向《ほうこう》さえわかれば、嵐《あらし》や波《なみ》にゆさぶられながらも向《む》きを正《ただ》して進《すす》み続《つづ》けることができます。

　リアリティは、ビジョンを実現《じつげん》するための日々《ひび》の積《つ》み重《かさ》ねと、現実《げんじつ》とのつながりを深《ふか》めることです。私《わたし》たちが毎日《まいにち》感《かん》じている現実《げんじつ》との関係性《かんけいせい》を意識《いしき》することです。どんなに想像力《そうぞうりょく》豊《ゆた》かな夢物語《ゆめものがたり》でも、リアリティを欠《か》いてしまっては他人《たにん》に伝《つた》わりません。逆《ぎゃく》に現実的《げんじつてき》でも夢《ゆめ》がないものに人《ひと》は力《ちから》を発揮《はっき》できません。船《ふね》を進《すす》めるために櫂《かい》をこぐといった地道《じみち》な毎日《まいにち》であっても、理想《りそう》に近《ちか》づき続《つづ》けていると実《じっ》感《かん》できるならば、私《わたし》たちは大《おお》きな力《ちから》を生《う》み出《だ》し続《つづ》けることができます。

　平等《びょうどう》、公平《こうへい》、正義《せいぎ》といった観点《かんてん》を持《も》って、私《わたし》たちのあるべき未来像《みらいぞう》について、想像力《そうぞうりょく》を駆使《くし》して話《はな》し合《あ》ってみましょう。すべての人《ひと》が生《い》き生《い》きと、自分《じぶん》らしく生《い》きる未来《みらい》の姿《すがた》（ファンタジー）に向《む》かって、私《わたし》たちは何《なに》を実現《じつげん》していけばいいのか、ビジョンを描《えが》き、そのビジョンの実《じつ》現《げん》に必要《ひつよう》な一歩《いっぽ》一歩《いっぽ》を考《かんが》えてみましょう。

　そうして夢《ゆめ》と現実《げんじつ》を連綿《れんめん》とつなげたな

未来《みらい》を変《か》える三《みっ》つの力《ちから》

Fantasy《ファンタジー》

「ファンタジー」は理想郷《りそうきょう》をしっかりと描《えが》き出《だ》す力《ちから》。「ビジョン」は理想《りそう》郷《きょう》に向《む》かって進《すす》むべき方向《ほうこう》を示《しめ》す力《ちから》。「リアリティ」はそうしたファンタジーとビジョンを抱《いだ》いて毎日《まいにち》の現実《げんじつ》を生《い》き抜《ぬ》く力《ちから》だといえます。

Reality《リアリティ》

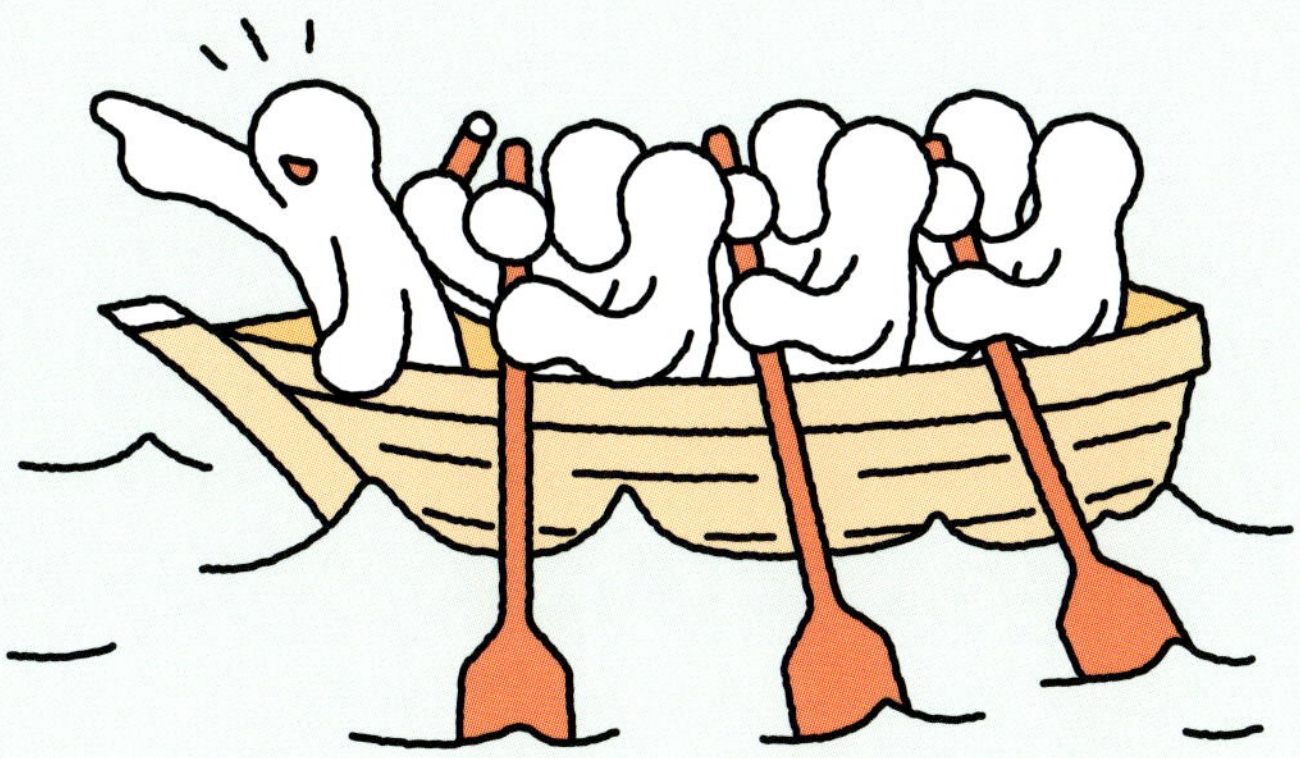

Vision《ビジョン》

らば、私《わたし》たちの行動《こうどう》の一《ひと》つひとつが世界《せかい》を前《まえ》に進《すす》めます。AIは、私《わたし》たちが手《て》にした非常《ひじょう》に強力《きょうりょく》な櫂《かい》です。やみくもに振《ふ》り回《まわ》すのではなく、ファンタジー、ビジョン、リアリティを持《も》って、上手《じょうず》に活用《かつよう》していきましょう。そのとき私《わたし》たちは、**自分《じぶん》たちの意思《いし》で社会《しゃかい》を前進《ぜんしん》させていく「チェンジメーカー」**となるでしょう。

AIをうまく活用《かつよう》し、毎日《まいにち》の暮《く》らしを理想《りそう》に向《む》かって近《ちか》づけていくとき、その人《ひと》は未来《みらい》を変《か》える「チェンジメーカー」となります。

この章のまとめ

AI技術《ぎじゅつ》によって私《わたし》たちの生活《せいかつ》はとても便利《べんり》になりつつあります。ものごとが変化《へんか》して何《なに》かを得《え》るときは、同時《どうじ》に何《なに》かを失《うしな》っているかもしれません。 p74-75

AIを活用《かつよう》した監視《かんし》カメラは社会《しゃかい》の安全性《あんぜんせい》を大《おお》きく高《たか》めますが、誰《だれ》もがいつもAIに見張《みは》られている暮《く》らしを受《う》け入《い》れなければなりません。 p74-75

より良《よ》い社会《しゃかい》を築《きず》くためにはAI技術《ぎじゅつ》が社会《しゃかい》にどんな影響《えいきょう》を及《およ》ぼすのかという観点《かんてん》をいつも忘《わす》れず、想像《そうぞう》することが大切《たいせつ》です。 p74-75

私《わたし》たちが「どんな未来《みらい》を望《のぞ》み、どんな未来《みらい》を望《のぞ》まないのか」というビジョンをしっかりと持《も》つことが必要《ひつよう》です。 p74-75

そのためにまず、まわりの人《ひと》と積極的《せっきょくてき》に話《はな》し合《あ》うようにしましょう。みんなで未来《みらい》を考《かんが》えるためのキーワードは「平等《びょうどう》」「公平《こうへい》」「正義《せいぎ》」という3つです。 p76-77

みんなで意見交換《いけんこうかん》するときには、平等《びょうどう》・公平《こうへい》・正義《せいぎ》のどれについて話《はな》しているのか、その観点《かんてん》は問題《もんだい》の原因《げんいん》を捉《とら》えて解決《かいけつ》する正義《せいぎ》といえるか、よく考《かんが》えてみましょう。 p76-77

完璧《かんぺき》な「正義《せいぎ》」の実現《じつげん》は難《むずか》しくても、根本的《こんぽんてき》な原因《げんいん》の解決《かいけつ》に向《む》かって話《はな》し合《あ》うことは、より良《よ》い未来《みらい》を築《きず》く大切《たいせつ》な一歩《いっぽ》です。 p76-77

実際《じっさい》の社会《しゃかい》で起《お》こる問題《もんだい》の多《おお》くは、どんなに高性能《こうせいのう》なAIでも不十分《ふじゅうぶん》で、結局《けっきょく》、人《ひと》と人《ひと》との協力《きょうりょく》が不可欠《ふかけつ》です。 p78-79

問題解決《もんだいかいけつ》は、当事者同士《とうじしゃどうし》の十分《じゅうぶん》な対話《たいわ》と協働《きょうどう》によってのみ成《な》し遂《と》げられます。 p78-79

「対話《たいわ》」では足《た》りない場合《ばあい》もあります。社会構造《しゃかいこうぞう》によって自分《じぶん》の意見《いけん》を出《だ》しにくい立場《たちば》の人《ひと》が存在《そんざい》するかもしれません。 p78-79

私《わたし》たちは他者《たしゃ》との対話《たいわ》に加《くわ》えて、声《こえ》を上《あ》げられない人《ひと》がいないかを検討《けんとう》し、そうした声《こえ》にも耳《みみ》を傾《かたむ》ける姿勢《しせい》が重要《じゅうよう》です。彼《かれ》らの声《こえ》を引《ひ》き出《だ》す努《ど》力《りょく》は、AIではなく人間《にんげん》だからこそできる貴重《きちょう》な取《と》り組《く》みです。 p78-79

対話《たいわ》を重《かさ》ねることが、民主主義的《みんしゅしゅぎてき》な合意形成《ごういけいせい》の鍵《かぎ》となります。 p80-81

民主主義《みんしゅしゅぎ》とは「どんな意見《いけん》が多《おお》いか」ではなく、「全員《ぜんいん》が納得《なっとく》できる方《ほう》法《ほう》はないか」という共通《きょうつう》のゴールを求《もと》めることです。 p80-81

AIと共《とも》に生《い》きる時代《じだい》こそ、以前《いぜん》よりも大事《だいじ》にしてほしいことが2つあります。 p82-83

1つ目《め》は「身体感覚《しんたいかんかく》」です。「便利《べんり》」な技術《ぎじゅつ》とは、目的《もくてき》を達成《たっせい》するまでの時間《じかん》や過程《かてい》を短縮《たんしゅく》・省略《しょうりゃく》する技術《ぎじゅつ》です。 p82-83

「AIのおかげで便利《べんり》だな」と感《かん》じたら、その便利《べんり》さは、どんな体験《たいけん》を省略《しょうりゃく》したのか、身体感覚《しんたいかんかく》をふくめて想像《そうぞう》してみましょう。 p82-83

2つ目《め》は「ものごとの本質《ほんしつ》を考《かんが》えること」です。ものごとの表面《ひょうめん》ではなく根《ね》っこにある本質《ほんしつ》を新《あたら》しい技術《ぎじゅつ》と組《く》み合《あ》わせることによって、新《あら》たなアイデアが生《う》まれます。 p82-83

AIという優《すぐ》れた道具《どうぐ》は、私《わたし》たちの世界《せかい》を前向《まえむ》きに変《か》えていける力《ちから》を与《あた》えてくれます。そのときに働《はたら》くのが3つの力《ちから》がファンタジー、ビジョン、リアリティです。 p84-85

すべての人《ひと》が自分《じぶん》らしく生《い》きる未来像《みらいぞう》を想像《そうぞう》し、そのファンタジーに向《む》かうためのビジョンを描《えが》き、リアリティを持《も》って実現《じつげん》に必要《ひつよう》な一歩《いっぽ》一歩《いっぽ》を積《つ》み重《かさ》ねていくことが大切《たいせつ》です。 p84-85

そうやってAIを上手《うま》く活用《かつよう》していけたとき、私《わたし》たちは、自分《じぶん》たちの意思《いし》で社会《しゃかい》を前進《ぜんしん》させていく「チェンジメーカー」となるでしょう。 p84-85

第5章

さあ、歩《ある》き出《だ》そう！

～AI《エーアイ》と生《い》きる未来《みらい》を考《かんが》えるワーク～

さあ、歩《ある》き出《だ》そう！

AIとともに生《い》きる未来《みらい》を考《かんが》えてみよう

ここまで、AIのしくみや気《き》をつけるべきリスクについて学《まな》んできました。今《いま》まさに、たくさんの人《ひと》たちがAIを使《つか》って未来《みらい》をより良《よ》くする方法《ほうほう》を考《かんが》えていますが、これからの未来《みらい》をつくるのは今《いま》この本《ほん》を読《よ》んでいるあなた自身《じしん》です。

自分《じぶん》たちが生《い》きる未来《みらい》をより良《よ》くするために、AIをどのように活用《かつよう》し、ともに生《い》きる社会《しゃかい》をつくるか、三《みっ》つの事例《じれい》をもとに考《かんが》えてみましょう。

この章《しょう》には、考《かんが》えをまとめるためのワークシートがついています。実際《じっさい》に自分《じぶん》の意見《いけん》を書《か》き込《こ》み、周囲《しゅうい》の人《ひと》たちと意見《いけん》を交換《こうかん》してみましょう。自分《じぶん》ひとりでは思《おも》いつかなかった、新《あら》たな視点《してん》が広《ひろ》がるかもしれません。

ワークシートのダウンロードはこちら

右《みぎ》の二次元《じげん》コードかURL《ユーアールエル》から、第《だい》5章《しょう》のワークシートがダウンロードできます。

https://gakken-ep.jp/rd/h1450142900/03.html

第《だい》5章《しょう》の使《つか》い方《かた》

①課題《かだい》について考《かんが》えよう

右《みぎ》ページにAI活用《かつよう》に関《かん》する課題《かだい》が提起《ていき》されています。文章《ぶんしょう》を読《よ》み、自分《じぶん》の意見《いけん》を考《かんが》えてみましょう。

考《かんが》えるポイント

「この場合《ばあい》はどうするの？」といった場面《ばめん》の例《れい》を挙《あ》げています。それぞれについて、解決方法《かいけつほうほう》を考《かんが》えてみましょう。

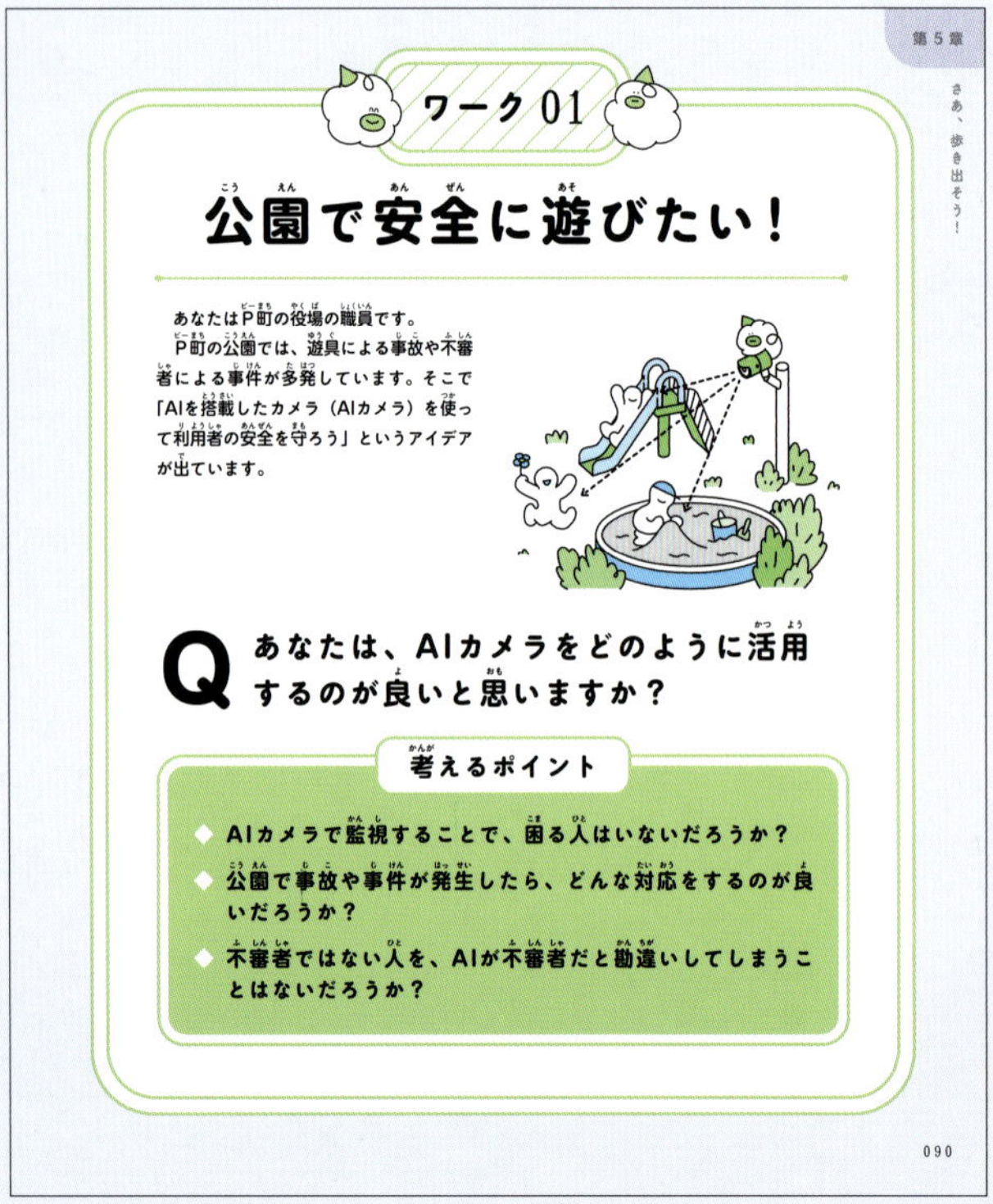
第5章
さあ、歩き出そう！

ワーク01

公園《こうえん》で安全《あんぜん》に遊《あそ》びたい！

あなたはP町《ピーまち》の役場《やくば》の職員《しょくいん》です。
P町《ピーまち》の公園《こうえん》では、遊具《ゆうぐ》による事故《じこ》や不審者《ふしんしゃ》による事件《じけん》が多発《たはつ》しています。そこで「AIを搭載《とうさい》したカメラ（AIカメラ）を使《つか》って利用者《りようしゃ》の安全《あんぜん》を守《まも》ろう」というアイデアが出《で》ています。

Q あなたは、AIカメラをどのように活用《かつよう》するのが良《よ》いと思《おも》いますか？

考《かんが》えるポイント

- AIカメラで監視《かんし》することで、困《こま》る人《ひと》はいないだろうか？
- 公園《こうえん》で事故《じこ》や事件《じけん》が発生《はっせい》したら、どんな対応《たいおう》をするのが良《よ》いだろうか？
- 不審者《ふしんしゃ》ではない人《ひと》を、AIが不審者《ふしんしゃ》だと勘違《かんちが》いしてしまうことはないだろうか？

090

AIとともに生《い》きる社会《しゃかい》を実現《じつげん》するには…

どうやって使《つか》う？

どんなルールを決《き》める？

どんな影響《えいきょう》がありそう？

AIをどのように利用《りよう》すれば、私《わたし》たちの暮《く》らしが便利《べんり》になるでしょうか？ 悪用《あくよう》する人《ひと》がいないか、不利益《ふりえき》を被《こうむ》る人《ひと》がいないか、など、あらゆる視点《してん》で考《かんが》えることが大切《たいせつ》です。

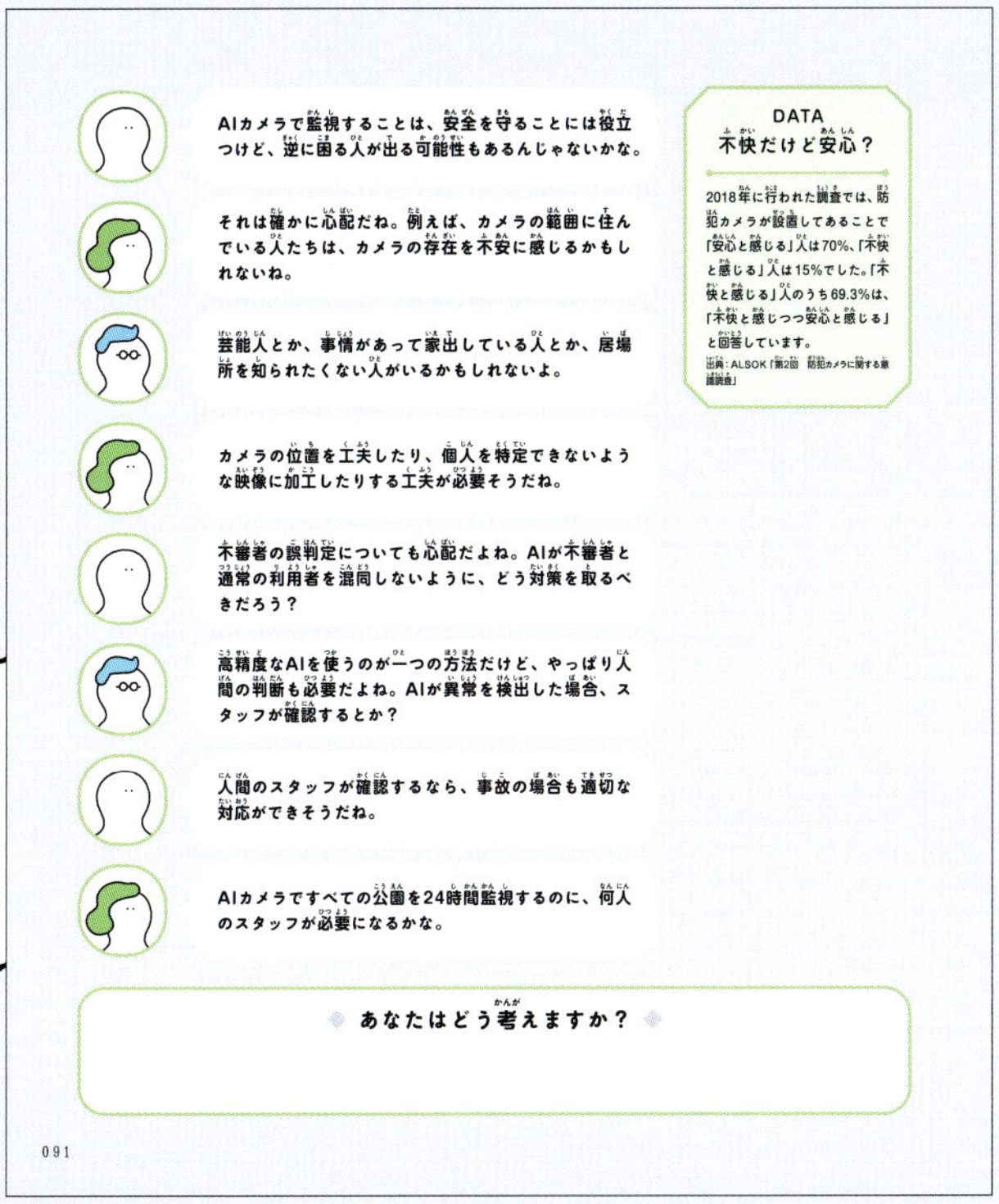
AIカメラで監視《かんし》することは、安全《あんぜん》を守《まも》ることには役立《やくだ》つけど、逆《ぎゃく》に困《こま》る人《ひと》が出《で》る可能性《かのうせい》もあるんじゃないかな。

それは確《たし》かに心配《しんぱい》だね。例《たと》えば、カメラの範囲《はんい》に住《す》んでいる人《ひと》たちは、カメラの存在《そんざい》を不安《ふあん》に感《かん》じるかもしれないね。

芸能人《げいのうじん》とか、事情《じじょう》があって家出《いえで》している人《ひと》とか、居場所《いばしょ》を知《し》られたくない人《ひと》がいるかもしれないよ。

カメラの位置《いち》を工夫《くふう》したり、個人《こじん》を特定《とくてい》できないような映像《えいぞう》に加工《かこう》したりする工夫《くふう》が必要《ひつよう》そうだね。

不審者《ふしんしゃ》の誤判定《ごはんてい》についても心配《しんぱい》だよね。AIが不審者《ふしんしゃ》と通常《つうじょう》の利用者《りようしゃ》を混同《こんどう》しないように、どう対策《たいさく》を取《と》るべきだろう？

高精度《こうせいど》なAIを使《つか》うのが一《ひと》つの方法《ほうほう》だけど、やっぱり人間《にんげん》の判断《はんだん》も必要《ひつよう》だよね。AIが異常《いじょう》を検出《けんしゅつ》した場合《ばあい》、スタッフが確認《かくにん》するとか？

人間《にんげん》のスタッフが確認《かくにん》するなら、事故《じこ》の場合《ばあい》も適切《てきせつ》な対応《たいおう》ができそうだね。

AIカメラですべての公園《こうえん》を24時間監視《じかんかんし》するのに、何人《なんにん》のスタッフが必要《ひつよう》になるかな。

DATA
不快《ふかい》だけど安心《あんしん》？

2018年《ねん》に行《おこな》われた調査《ちょうさ》では、防犯《ぼうはん》カメラが設置《せっち》してあることで「安心《あんしん》と感《かん》じる」人《ひと》は70%、「不快《ふかい》と感《かん》じる」人《ひと》は15%でした。「不快《ふかい》と感《かん》じる」人《ひと》のうち69.3%は、「不快《ふかい》と感《かん》じつつ安心《あんしん》と感《かん》じる」と回答《かいとう》しています。

出典《しゅってん》：ALSOK「第2回《だいにかい》　防犯《ぼうはん》カメラに関《かん》する意識調査《いしきちょうさ》」

あなたはどう考《かんが》えますか？

091

②視点《してん》を広《ひろ》げよう

課題《かだい》についての話《はな》し合《あ》いの例《れい》を読《よ》み、もう一度《いちど》自分《じぶん》の意見《いけん》をまとめてみましょう。新《あら》たな視点《してん》を取《と》り入《い》れることが大切《たいせつ》です。

DATA

考《かんが》えをまとめるときのヒントになる統計《とうけい》データです。これらはあくまでも一例《いちれい》なので、自分《じぶん》の意見《いけん》に基《もと》づいて、関連《かんれん》する情報《じょうほう》をさらに調《しら》べてみましょう。

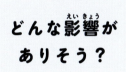

ワーク01

公園《こうえん》で安全《あんぜん》に遊《あそ》びたい!

あなたはP町《ピーまち》の役場《やくば》の職員《しょくいん》です。

P町《ピーまち》の公園《こうえん》では、遊具《ゆうぐ》による事故《じこ》や不審者《ふしんしゃ》による事件《じけん》が多発《たはつ》しています。そこで「AIを搭載《とうさい》したカメラ(AIカメラ)を使《つか》って利用者《りようしゃ》の安全《あんぜん》を守《まも》ろう」というアイデアが出《で》ています。

Q あなたは、AIカメラをどのように活用《かつよう》するのが良《よ》いと思《おも》いますか?

考《かんが》えるポイント

- AIカメラで監視《かんし》することで、困《こま》る人《ひと》はいないだろうか?
- 公園《こうえん》で事故《じこ》や事件《じけん》が発生《はっせい》したら、どんな対応《たいおう》をするのが良《よ》いだろうか?
- 不審者《ふしんしゃ》ではない人《ひと》を、AIが不審者《ふしんしゃ》だと勘違《かんちが》いしてしまうことはないだろうか?

AIカメラで監視《かんし》することは、安全《あんぜん》を守《まも》ることには役立《やくだ》つけど、逆《ぎゃく》に困《こま》る人《ひと》が出《で》る可能性《かのうせい》もあるんじゃないかな。

それは確《たし》かに心配《しんぱい》だね。例《たと》えば、カメラの範囲《はんい》に住《す》んでいる人《ひと》たちは、カメラの存在《そんざい》を不安《ふあん》に感《かん》じるかもしれないね。

芸能人《げいのうじん》とか、事情《じじょう》があって家出《いえで》している人《ひと》とか、居場《いば》所《しょ》を知《し》られたくない人《ひと》がいるかもしれないよ。

カメラの位置《いち》を工夫《くふう》したり、個人《こじん》を特定《とくてい》できないような映像《えいぞう》に加工《かこう》したりする工夫《くふう》が必要《ひつよう》そうだね。

不審者《ふしんしゃ》の誤判定《ごはんてい》についても心配《しんぱい》だよね。AIが不審者《ふしんしゃ》と通常《つうじょう》の利用者《りようしゃ》を混同《こんどう》しないように、どう対策《たいさく》を取《と》るべきだろう？

高精度《こうせいど》なAIを使《つか》うのが一《ひと》つの方法《ほうほう》だけど、やっぱり人《にん》間《げん》の判断《はんだん》も必要《ひつよう》だよね。AIが異常《いじょう》を検出《けんしゅつ》した場合《ばあい》、スタッフが確認《かくにん》するとか？

人間《にんげん》のスタッフが確認《かくにん》するなら、事故《じこ》の場合《ばあい》も適切《てきせつ》な対応《たいおう》ができそうだね。

AIカメラですべての公園《こうえん》を24時間監視《じかんかんし》するのに、何人《なんにん》のスタッフが必要《ひつよう》になるかな。

DATA

不快《ふかい》だけど安心《あんしん》？

2018年《ねん》に行《おこな》われた調査《ちょうさ》では、防《ぼう》犯《はん》カメラが設置《せっち》してあることで「安心《あんしん》と感《かん》じる」人《ひと》は70%、「不快《ふかい》と感《かん》じる」人《ひと》は15%でした。「不《ふ》快《かい》と感《かん》じる」人《ひと》のうち69.3%は、「不快《ふかい》と感《かん》じつつ安心《あんしん》と感《かん》じる」と回答《かいとう》しています。

出典《しゅってん》：ALSOK「第《だい》2回《かい》　防犯《ぼうはん》カメラに関《かん》する意《い》識調査《しきちょうさ》」

◆ あなたはどう考《かんが》えますか？ ◆

ワーク02

検《けん》索《さく》が進《しん》化《か》したら？

あなたはIT《アイティー》企《き》業《ぎょう》であるＳ社《エスしゃ》の社員《しゃいん》です。

これまでＳ社《エスしゃ》では検索《けんさく》ツールとして、特定《とくてい》のキーワードやフレーズに基《もと》づいて、インターネット上《じょう》の情報《じょうほう》を検索《けんさく》して表示《ひょうじ》する「検索《けんさく》エンジン」というしくみを使《つか》っていましたが、近年《きんねん》、チャット形式《けいしき》で質問《しつもん》に答《こた》えてくれるAI（チャットボット）を開発《かいはつ》しました。この新《あたら》しい取《と》り組《く》みに基《もと》づき、ある社員《しゃいん》が「すべての検索《けんさく》エンジンをチャットボットに置《お》き換《か》えてはどうだろうか」と提案《ていあん》しました。

Q あなたは、この提《てい》案《あん》に賛《さん》成《せい》ですか？ 反《はん》対《たい》ですか？

考《かんが》えるポイント

- 検《けん》索《さく》エンジンとチャットボットは、使《つか》い心地《ごこち》や使《つか》いやすさにどのような違《ちが》いがあるだろうか？
- 検《けん》索《さく》エンジンの方《ほう》が適《てき》している質問《しつもん》、チャットボットの方《ほう》が適《てき》している質問《しつもん》とはどんなものだろうか？
- 私《わたし》たちは普段《ふだん》、情報《じょうほう》が正《ただ》しいか否《いな》かをどのように判断《はんだん》しているのだろうか？

検索《けんさく》エンジンは、検索結果《けんさくけっか》の中《なか》から答《こた》えを探《さが》す必要《ひつよう》があるよね。質問《しつもん》に対《たい》してすぐに答《こた》えを返《かえ》してくれるチャットボットの方《ほう》が便利《べんり》だと思《おも》うな。

でも、AIが出《だ》した答《こた》えが間違《まちが》っていたらどうする？

私《わたし》はいつも、いくつかの情報《じょうほう》を比《くら》べたり情報《じょうほう》の発信源《はっしんげん》を確《たし》かめたりして、正《ただ》しい情報《じょうほう》かどうかを判断《はんだん》しているよ。

いくつもの検索結果《けんさくけっか》を比《くら》べられることが検索《けんさく》エンジンの良《よ》さだよね。

確《たし》かに、明確《めいかく》な正解《せいかい》のない事柄《ことがら》を調《しら》べるときなど、いろいろな考《かんが》えを知《し》りたいときもあるよね。

でも、すぐに答《こた》えを知《し》りたいときはチャットボットの方《ほう》が役《やく》に立《た》ちそう。

検索《けんさく》エンジンのほうが適《てき》している場合《ばあい》と、チャットボットの方《ほう》が適《てき》している場合《ばあい》がありそうだね。

DATA
偽情報《にせじょうほう》に注意《ちゅうい》！

2024年《ねん》4月《がつ》の報告《ほうこく》では、15～69歳《さい》の男女《だんじょ》のうち、戦争《せんそう》・紛争《ふんそう》や政治《せいじ》に関《かん》する偽《にせ》・誤情報《ごじょうほう》に一《ひと》つでも接触《せっしょく》している人《ひと》の割合《わりあい》は、10代《だい》で44.4%、全年代《ぜんねんだい》で37.0%にのぼりました。

出典《しゅってん》：国際大学《こくさいだいがく》GLOCOM「Innovation Nippon わが国《くに》における偽《にせ》・誤情報《ごじょうほう》の実態《じったい》の把握《はあく》と社会的対処《しゃかいてきたいしょ》の検討《けんとう》 報告書《ほうこくしょ》」

あなたはどう考《かんが》えますか？

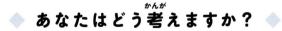

ワーク03

集《あつ》めたデータを使《つか》って、公園《こうえん》のルールをつくろう

あなたはP町《ピーまち》の役場《やくば》の職員《しょくいん》です。

P町《ピーまち》の公園《こうえん》では、AIを搭載《とうさい》したカメラを活用《かつよう》して利用者《りようしゃ》の安全《あんぜん》を守《まも》っています。公園《こうえん》にはさまざまなルールがあります。この公園《こうえん》をさらに良《よ》い公園《こうえん》にしていくために、あなたたちはAIカメラのデータを活用《かつよう》できないかと考《かんが》えています。

Q あなたならどのように情報《じょうほう》を活用《かつよう》してルールづくりをしますか？

考《かんが》えるポイント

- 誰《だれ》にとって良《よ》い公園《こうえん》にする？
- 現在《げんざい》の公園《こうえん》の利用状況《りようじょうきょう》はどうなっている？
- 公園《こうえん》の利用者《りようしゃ》のプライバシーを守《まも》るにはどうすればいい？

公園《こうえん》でボール遊《あそ》びができるようにしてほしいなあ。ボール遊《あそ》びができないと、できる遊《あそ》びが限《かぎ》られるんだよね。

ちょっと待《ま》って。公園《こうえん》を使《つか》っているのは子《こ》どもだけじゃないよ。私《わたし》のおばあちゃんもよく公園《こうえん》を利用《りよう》しているよ。お年寄《としよ》りがいる中《なか》でボール遊《あそ》びをするのは危《あぶ》ないと思《おも》う。

子《こ》どもと一緒《いっしょ》に保護者《ほごしゃ》が来《く》ることもあるから、意外《いがい》と大人《おとな》の利用者《りようしゃ》も多《おお》いかもしれないよ。

お年寄《としよ》りや大人《おとな》にとっての「良《よ》い公園《こうえん》」ってどんなものだろう……？

誰《だれ》にとって良《よ》い公園《こうえん》にするかによって、適《てき》しているルールは大《おお》きく変《か》わりそうだね。

まずは公園《こうえん》に来《き》ている人《ひと》の属性《ぞくせい》を分析《ぶんせき》してみるのが良《よ》さそうだね。エリアごとにルールを変《か》えることもできるかもしれないよ。

カメラのデータを分析《ぶんせき》するとき、利用者《りようしゃ》のプライバシーにも配慮《はいりょ》する必要《ひつよう》があるね。

DATA
どんなルールが望《のぞ》ましい？

2017年《ねん》に東京都板橋区《とうきょうといたばしく》が行《おこな》った調査《ちょうさ》によると、犬《いぬ》の連《つ》れ込《こ》み、喫煙《きつえん》、花火《はなび》、ボール遊《あそ》び、自転車《じてんしゃ》の乗《の》り入《い》れに関《かん》する区民《くみん》の意見《いけん》は下《した》の図《ず》の通《とお》りでした。

出典《しゅってん》：総務省行政評価局《そうむしょうぎょうせいひょうかきょく》「子《こ》どもの居場所《いばしょ》に関《かん》する調査報告書《ちょうさほうこくしょ》」

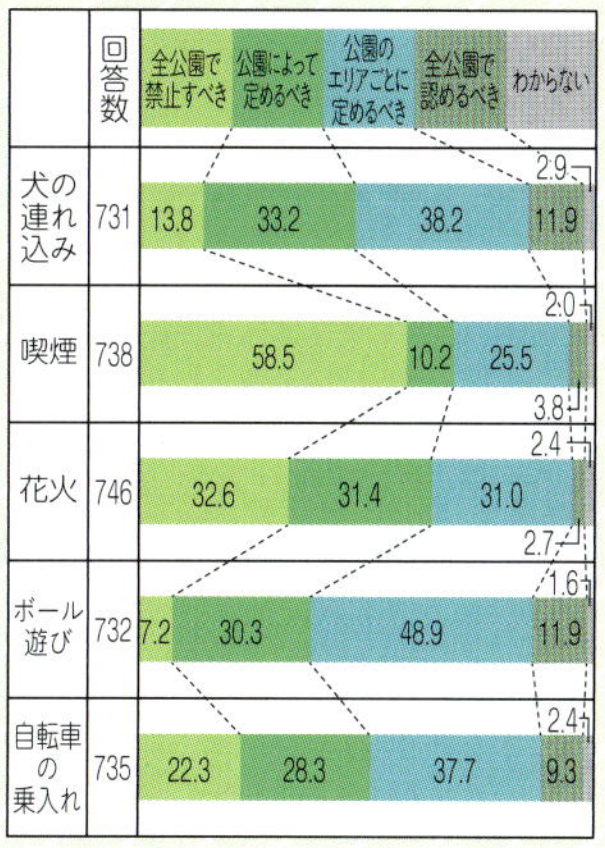

回答数
全公園で禁止すべき
公園によって定めるべき
公園のエリアごとに定めるべき
全公園で認めるべき
わからない
犬の連れ込み
731
13.8
33.2
38.2
11.9
2.9
喫煙
738
58.5
10.2
25.5
2.0
3.8
花火
746
32.6
31.4
31.0
2.4
2.7
ボール遊び
732
7.2
30.3
48.9
11.9
1.6
自転車の乗入れ
735
22.3
28.3
37.7
9.3
2.4

◆ あなたはどう考《かんが》えますか？ ◆

さあ、歩きだそう！

おわりに

ここまで『AIの世界《せかい》へようこそ』を読《よ》み進《すす》めてきて、私《わたし》のメッセージがあなたに届《とど》いたでしょうか。

新《あたら》しい知識《ちしき》を得《え》ながら、考《かんが》え、そして答《こた》えを見《み》つけていく中《なか》で、AIに関《かん》する知識《ちしき》だけでなく、社会《しゃかい》の様々《さまざま》な問題《もんだい》や考《かんが》え方《かた》についても学《まな》びました。興《きょう》味《み》関心《かんしん》、歴史《れきし》文化《ぶんか》の異《こと》なる人《ひと》たちとの議論《ぎろん》や、多角的《たかくてき》に物事《ものごと》を考《かんが》える、批判《ひはん》的思考《てきしこう》の重要性《じゅうようせい》も理解《りかい》されたことでしょう。

AIに関《かん》する知識《ちしき》では、AIがどのような場面《ばめん》でどのように活用《かつよう》できるか、その際《さい》のメリットとデメリットを考《かんが》えました。これを踏《ふ》まえて、どのようにAIを活用《かつよう》すべきかを探究《たんきゅう》しました。また、開発側《かいはつがわ》になることで、AI技術《ぎじゅつ》の進化《しんか》に貢献《こうけん》する可能性《かのうせい》についても考《かんが》えました。

社会《しゃかい》には数多《かずおお》くの課題《かだい》があります。私《わたし》たちはこれらの課題《かだい》について考《かんが》え、解決《かいけつ》するための方法《ほうほう》を模索《もさく》しました。その過程《かてい》で、特《とく》に社会的《しゃかいてき》に弱《よわ》い立場《たちば》に置《お》かれた人《ひと》たちの声《こえ》に気《き》づくことの重要性《じゅうようせい》が明《あき》らかになりました。さらに、自分《じぶん》たちが行動《こうどう》することで社会《しゃかい》に与《あた》える影響《えいきょう》や、責任感《せきにんかん》を持《も》って行動《こうどう》することの重要性《じゅうようせい》を理解《りかい》されたことでしょう。

身近《みぢか》な問題《もんだい》や将来《しょうらい》の課題《かだい》について、解決策《かいけつさく》を共同《きょうどう》で考《かんが》える際《さい》には、相手《あいて》を尊重《そんちょう》しつつ自分《じぶん》の意見《いけん》を主張《しゅちょう》する力《ちから》がますます重要《じゅうよう》になります。これは対面《たいめん》だけでなく、オンラインでの議論《ぎろん》、海外《かいがい》の人《ひと》たちとの議論《ぎろん》も含《ふく》まれます。そして、異《こと》なる視点《してん》からの意見《いけん》を受《う》け入《い》れつつ、自分《じぶん》の考《かんが》えを深《ふか》めることが必要《ひつよう》です。

あなたにとって本書《ほんしょ》が、これからの時代《じだい》を生《い》きる上《うえ》での指針《ししん》となることを願《ねが》っています。AI時代《じだい》の「生《い》きる力《ちから》」は、「世界《せかい》は変《か》えられる！」、「チェンジメーカーになる！」という姿勢《しせい》です。この姿勢《しせい》を持《も》ち続《つづ》け、未来《みらい》を切《き》り拓《ひら》いていってください。あなたが自《みずか》らの可能性《かのうせい》を信《しん》じ、共《とも》により良《よ》い未来《みらい》を築《きず》いていくことを期待《きたい》しています。

2024年《ねん》夏《なつ》　函館《はこだて》から

美馬《みま》のゆり

おすすめの本

文系《ぶんけい》のための東大《とうだい》の先生《せんせい》が教《おし》えるChatGPT《チャットジーピーティー》 はじめて学《まな》ぶ人《ひと》でも、どんどん楽《たの》しく読《よ》める！

監修《かんしゅう》：松原仁《まつばらひとし》　刊《かん》：ニュートンプレス

2022年《ねん》11月《がつ》に登場《とうじょう》した対話型《たいわがた》の生成《せいせい》AI「ChatGPT《チャットジーピーティー》」。ChatGPT《チャットジーピーティー》は、どのようにして複雑《ふくざつ》な文章《ぶんしょう》を生成《せいせい》するのでしょうか。この本《ほん》では、AIの歴史《れきし》や、ChatGPT《チャットジーピーティー》を支《ささ》える技術《ぎじゅつ》「Transformer《トランスフォーマー》」について、生徒《せいと》と先生《せんせい》の対話形式《たいわけいしき》で解説《かいせつ》しています。大人《おとな》向《む》けの本《ほん》ですが、AIのしくみや歴史《れきし》をくわしく知《し》りたい人《ひと》は、ぜひチャレンジしてみてください。

イラストで学《まな》ぶ世界《せかい》を変《か》えたコンピュータの歴史《れきし》

著《ちょ》：レイチェル・イグノトフスキー
訳《やく》：杉本《すぎもと》 舞《まい》
刊《かん》：創元社《そうげんしゃ》

コンピュータの発展《はってん》と、その進化《しんか》を支《ささ》えた人々《ひとびと》に焦点《しょうてん》を当《あ》てた科学史《かがくし》ビジュアルブック。古代《こだい》の計算機《けいさんき》から現代《げんだい》の高性能《こうせいのう》コンピュータまでの歴史《れきし》や、それを支《ささ》えた重要《じゅうよう》な発明《はつめい》と人々《ひとびと》の物語《ものがたり》を、わかりやすく紹介《しょうかい》しています。また、楽《たの》しいイラストやトリビアも豊富《ほうふ》で、コンピュータの基本《きほん》やデジタル社会《しゃかい》の課題《かだい》についても学《まな》べます。コンピュータのしくみや歴史《れきし》をくわしく知《し》りたい人《ひと》におすすめです。

AIについて、コンピュータについて、もっと知りたいあなたに

AIの時代《じだい》を生《い》きる 未来《みらい》をデザインする創造力《そうぞうりょく》と共感力《きょうかんりょく》

著《ちょ》：美馬《みま》のゆり
刊《かん》：岩波書店《いわなみしょてん》

人《ひと》とAIの未来《みらい》はどうあるべきなのでしょうか。キーワードは「共感力《きょうかんりょく》」。AIが道具《どうぐ》として日常《にちじょう》に浸透《しんとう》する中《なか》で、単《たん》に便利《べんり》なものをつくるだけではなく、社会全体《しゃかいぜんたい》の幸《しあわ》せにつながるような考《かんが》え方《かた》が求《もと》められていくはずです。AIの時代《じだい》、私《わたし》たちは何《なに》を学《まな》び、どんな力《ちから》を身《み》につけていくべきか。この本《ほん》はあなたの道《みち》しるべとなる1冊《さつ》です。

不便益《ふべんえき》のススメ 新《あたら》しいデザインを求《もと》めて

著《ちょ》：川上浩司《かわかみひろし》
刊《かん》：岩波書店《いわなみしょてん》

「不便益《ふべんえき》」とは、「不便《ふべん》だからこそ得《え》られる良《よ》い効果《こうか》」を指《さ》す言葉《ことば》です。科学《かがく》技術《ぎじゅつ》の進化《しんか》がもたらす便利《べんり》さは、私《わたし》たちからどんどん「不便《ふべん》」を遠《とお》ざけます。この本《ほん》では、同《おな》じ場所《ばしょ》を3回通《かいとお》るとかすれていくナビ、目盛《めも》りが素数《そすう》の位置《いち》にしかない素数《そすう》ものさし、足《あし》でこぐ車《くるま》椅子《いす》など、効率化《こうりつか》や自動化《じどうか》の逆《ぎゃく》を行《い》く「不便益《ふべんえき》」の発想《はっそう》から生《う》まれたデザインを紹介《しょうかい》しています。

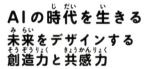

世界《せかい》を変《か》えた146人《にん》の子《こ》ども
才能《さいのう》にめざめた若者《わかもの》たちの物語《ものがたり》

著《ちょ》：ルーラ・ブリッジポート　訳《やく》：北川玲《きたかわれい》
刊《かん》：創元社《そうげんしゃ》

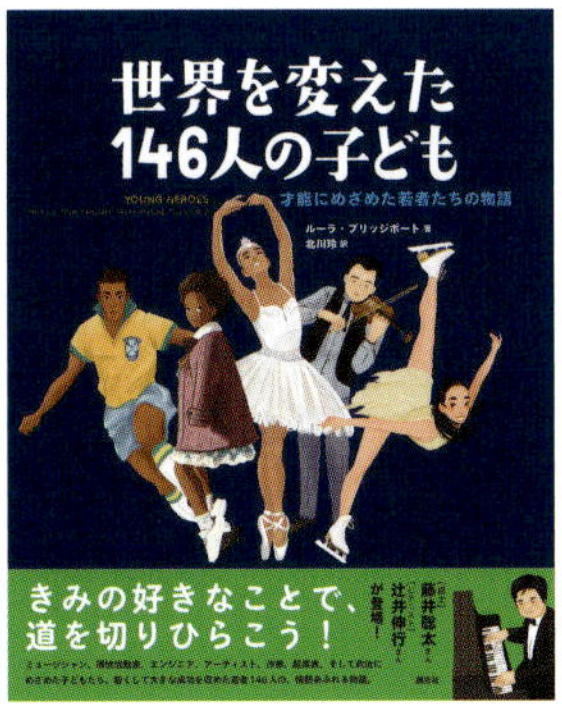

若《わか》くして成功《せいこう》を収《おさ》めた子《こ》どもたちを分野《ぶんや》ごとに紹介《しょうかい》しています。この本《ほん》を読《よ》むと、目立《めだ》つことを恐《おそ》れず、自《じ》分《ぶん》の意見《いけん》をはっきりと言《い》い、目標《もくひょう》を達成《たっせい》するためにけんめいに努力《どりょく》をすれば、子《こ》どもでも世界《せかい》を変《か》えられることがわかります。夢《ゆめ》を追《お》うあなたに勇気《ゆうき》をくれる1冊《さつ》です。日本人《にっぽんじん》では、ピアニストの辻井伸行《つじいのぶゆき》さんと、棋士《きし》の藤井聡太《ふじいそうた》さんが登場《とうじょう》。

人権《じんけん》の絵本《えほん》
ちがいを豊《ゆた》かさに

文《ぶん》：岩川直樹《いわかわなおき》
絵《え》：木原千春《きはらちはる》
刊《かん》：大月書店《おおつきしょてん》

人権《じんけん》の絵本《えほん》シリーズ、全《ぜん》6巻《かん》のうちの第《だい》2巻《かん》。世界《せかい》にはさまざまな「ちがい」があります。そのちがいがあることを素敵《すてき》なことだと思《おも》えるようになれば、もっと私《わたし》たちは他人《たにん》を大切《たいせつ》にできることでしょう。長《なが》く人生《じんせい》を歩《あゆ》んでいく際《さい》に、ずっと心《こころ》にとめておきたい大切《たいせつ》なことが詰《つ》まっています。

自分《じぶん》の可能性《かのうせい》について、他者《たしゃ》と生《い》きることについて深《ふか》く広《ひろ》く考《かんが》えたいあなたに

世界《せかい》の変《か》え方《かた》はひとつじゃない
自分《じぶん》を信《しん》じた100人《にん》の男《おとこ》の子《こ》の物語《ものがたり》

文《ぶん》：ベン・ブルックス　絵《え》：クイントン・ウィンター
訳《やく》：芹澤恵《せりさわめぐみ》、高里《たかさと》ひろ　刊《かん》：河出書房新社《かわでしょぼうしんしゃ》

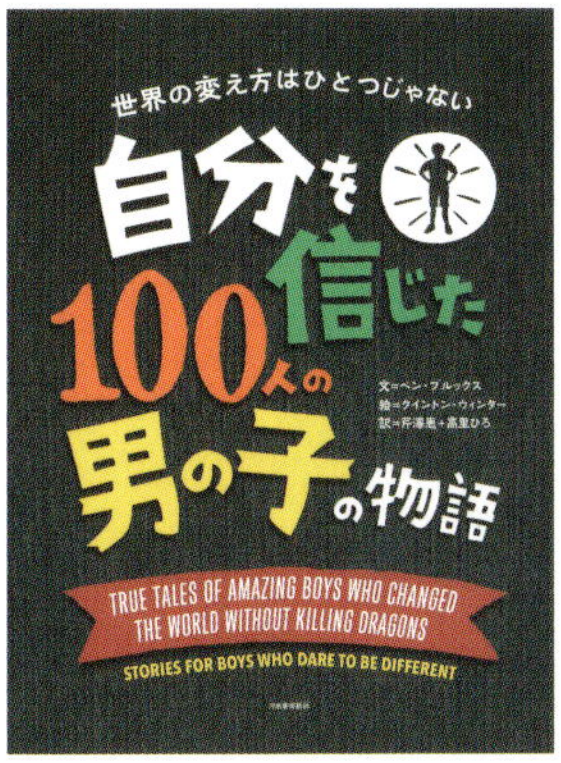

サッカー選手《せんしゅ》、プログラマー、映画《えいが》監督《かんとく》、ラッパー、デザイナー……。ありのままの自分《じぶん》でいる勇気《ゆうき》をもって道《みち》を切《き》りひらいた100人《にん》の男《おとこ》の子《こ》の物語《ものがたり》。世《よ》の中《なか》には、もの静《しず》かだけど想像《そうぞう》もつかないアイデアを実現《じつげん》した人《ひと》や、情熱的《じょうねつてき》で、ちょっと変《か》わった素敵《すてき》な生《い》き方《かた》をした人《ひと》がたくさんいます。あなたはどんな大人《おとな》になりたいですか？

世界《せかい》を変《か》えた100人《にん》の女《おんな》の子《こ》の物語《ものがたり》

著《ちょ》：エレナ・ファヴィッリ、フランチェスカ・カヴァッロ
訳《やく》：芹澤恵《せりさわめぐみ》、高里《たかさと》ひろ
刊《かん》：河出書房新社《かわでしょぼうしんしゃ》

スーパーモデル、活動家《かつどうか》、バレリーナ、数学者《すうがくしゃ》、大統領《だいとうりょう》……。大《おお》きな夢《ゆめ》をもち、自分《じぶん》の力《ちから》を信《しん》じて道《みち》を切《き》りひらいた100人《にん》の女《おんな》の子《こ》の物語《ものがたり》。すべて世界《せかい》のどこかで、本当《ほんとう》にあったお話《はなし》です。この本《ほん》の中《なか》で、あなたに似《に》ただれかに、出会《であ》うかもしれません。Rebel Girls〈反骨心《はんこつしん》をもった、勇敢《ゆうかん》な女《おんな》の子《こ》たち〉に送《おく》る1冊《さつ》です。

Scratch《スクラッチ》にふれてみよう

この本《ほん》で紹介《しょうかい》する見本《みほん》ゲームは、
無料《むりょう》で使《つか》える
教育《きょういく》プログラミング言語《げんご》
「Scratch《スクラッチ》」で作られています。
まずはScratch《スクラッチ》の
ウェブサイトに
アクセスしてみましょう。

1 ウェブサイトにアクセス

インターネットに接続《せつぞく》されたパソコンかタブレットで、
次《つぎ》のアドレスにアクセスし、見本《みほん》ゲームを遊《あそ》んでみましょう。※

※スマートフォンは非推奨《ひすいしょう》です。見本《みほん》ゲームはスマートフォンでも動作《どうさ》しますが、
Scratch《スクラッチ》のウェブサイトのレイアウトが乱《みだ》れるため、うまく操作《そうさ》できない場合《ばあい》があります。

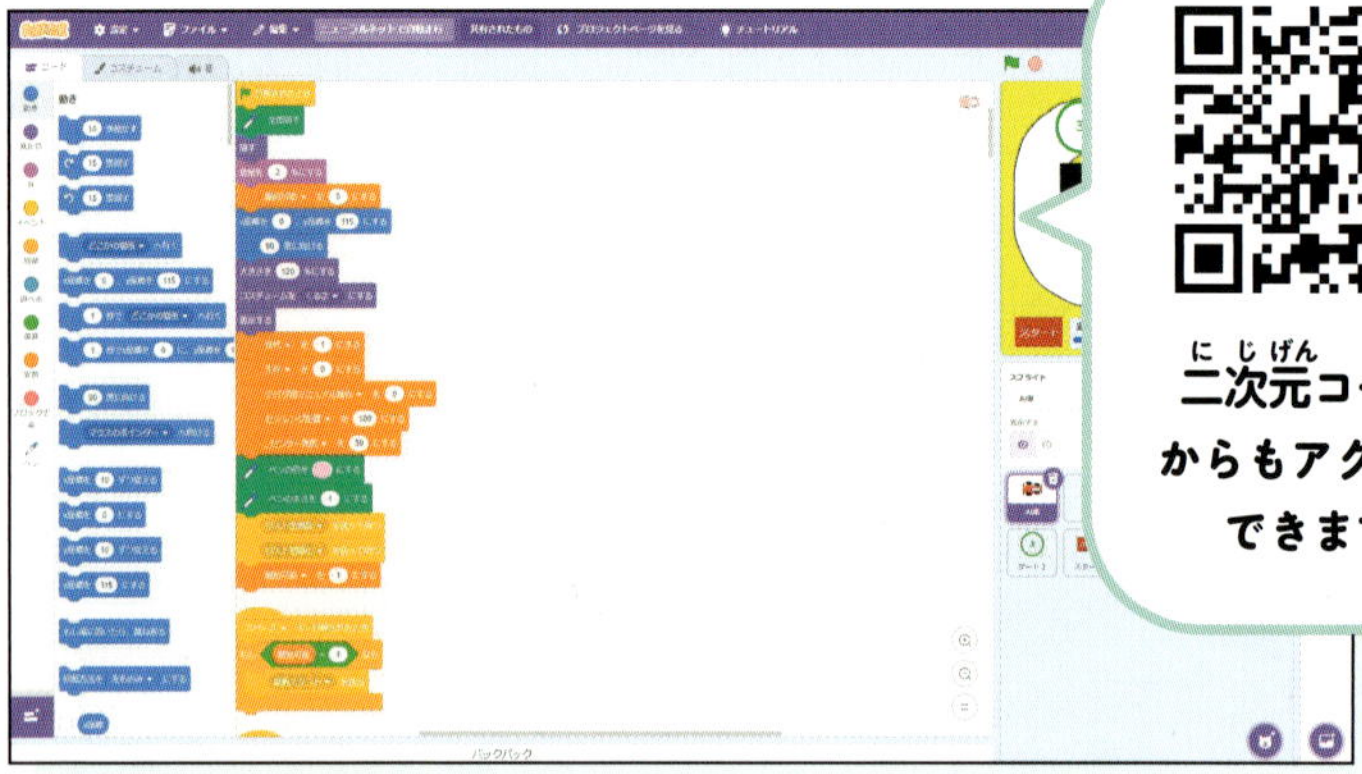

二次元《にじげん》コード
からもアクセス
できます

2 ゲームを遊《あそ》んでみる

Scratch《スクラッチ》ではそれぞれのゲームを「プロジェクト」と呼《よ》びます。
さっそく見本《みほん》のプロジェクトを実行《じっこう》し、遊《あそ》んでみましょう。

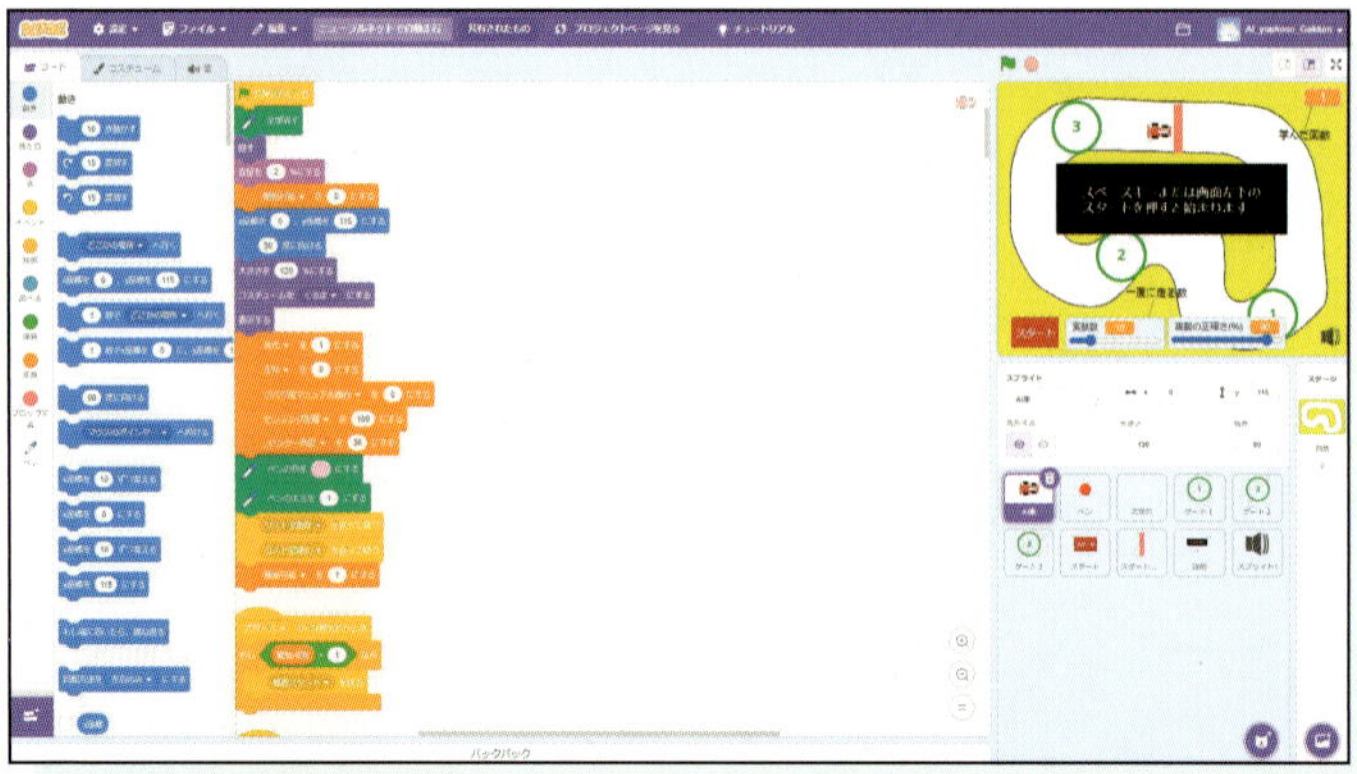

ゲーム画面《がめん》の中央《ちゅうおう》または左上《ひだりうえ》にある
「緑《みどり》の旗《はた》（実行《じっこう》ボタン）」を押《お》すと、
プロジェクトが始《はじ》まります。

この「拡大《かくだい》」ボタンを押《お》すと、
ゲーム画面《がめん》だけになって、
ブラウザ全体《ぜんたい》の大《おお》きさで
遊《あそ》ぶことができます。

この「中《なか》を見《み》る」ボタンを押《お》すと、
そのプロジェクトを動《うご》かす
プログラムの中身《なかみ》を
見《み》ることができます。

3 アカウントを作《つく》ってみる

Scratch《スクラッチ》のアカウントを登録《とうろく》している場合《ばあい》は、「中《なか》を見《み》る」ボタンで「プロジェクト制作画面《せいさくがめん》」を開《ひら》いた後《あと》、ゲームをコピーして、自分《じぶん》で改造《かいぞう》・保存《ほぞん》することができます。アカウント作成《さくせい》は保護者《ほごしゃ》の方《ほう》と一緒《いっしょ》に行《おこな》いましょう。

保護者《ほごしゃ》の方《かた》へ

Scratch《スクラッチ》はアメリカのマサチューセッツ工科大学《こうかだいがく》の研《けん》究所《きゅうしょ》が開発《かいはつ》した教育用《きょういくよう》の無料《むりょう》プログラミングツールです。自分《じぶん》が作《つく》ったプロジェクトや、他人《たにん》が作《つく》ったプロジェクトの複製《ふくせい》をオンライン上《じょう》に保存《ほぞん》するにはアカウントが必要《ひつよう》です。16歳未満《さいみまん》の利用者《りようしゃ》がアカウントを作成《さくせい》するには、保護者《ほごしゃ》のメールアドレスが必要《ひつよう》です。詳《くわ》しくはScratch《スクラッチ》の利用規約《りようきやく》などをご確認《かくにん》ください。

4 プロジェクト制作画面《せいさくがめん》と操作《そうさ》

Scratch《スクラッチ》では、ゲーム内《ない》の物《もの》やキャラクターとなる「スプライト」と、背景《はいけい》となる「ステージ」と2種類《しゅるい》の要素《ようそ》で構成《こうせい》され、それぞれが異《こと》なるプログラムを持《も》って動作《どうさ》します。

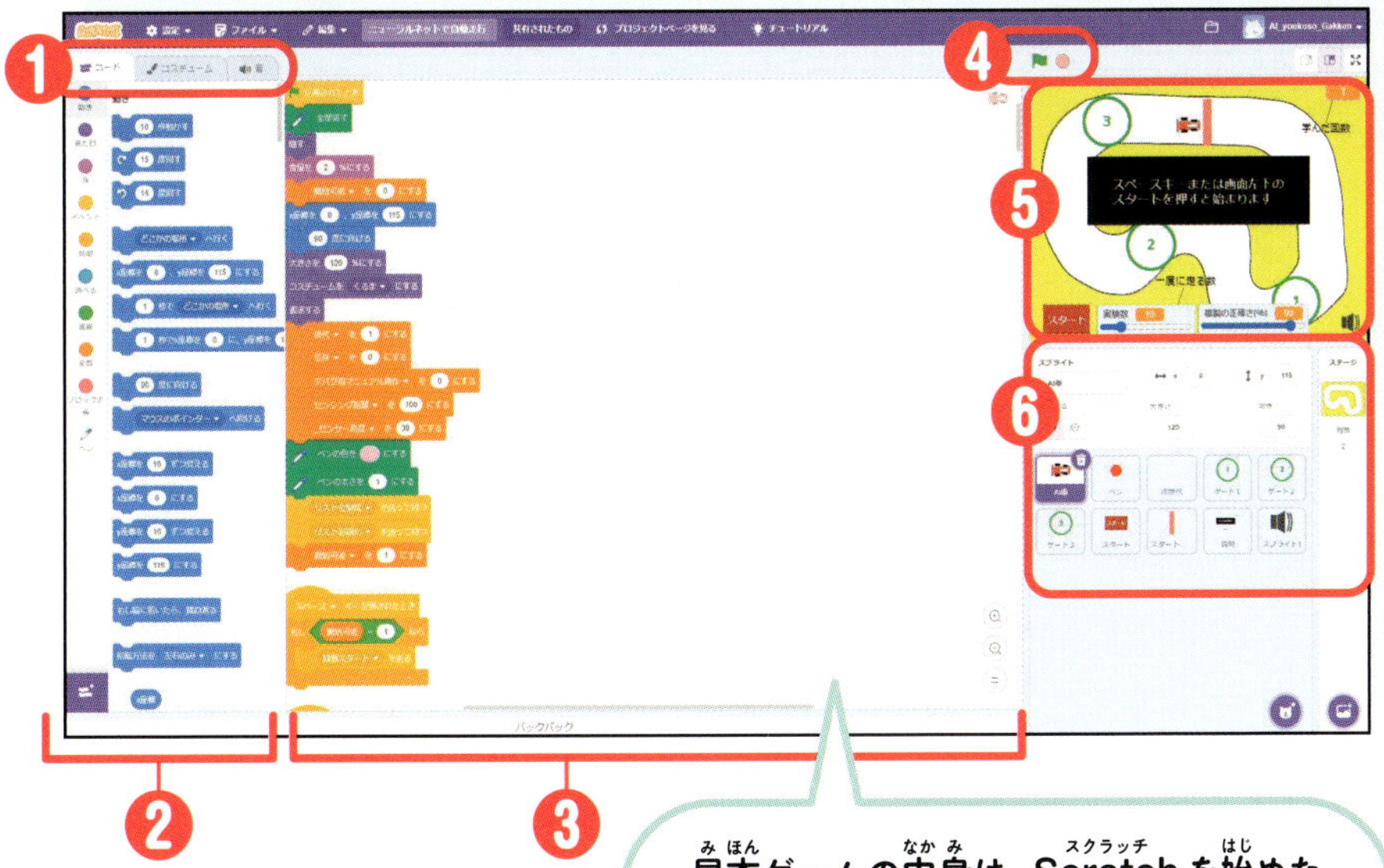

※Scratch《スクラッチ》の画面内《がめんない》に出《で》てくる「コード」「スクリプト」はいずれも「プログラム」と同《おな》じ意味《いみ》を指《さ》しています。

見本《みほん》ゲームの中身《なかみ》は、Scratch《スクラッチ》を始《はじ》めたばかりの人《ひと》には難《むずか》しすぎて、何《なに》がどう動《うご》いているのか理解《りかい》できないと思《おも》いますが、自《みずか》ら学習《がくしゅう》できるAIもプログラムによって作《つく》られていることがわかるはずです。

❶ **タブ** スプライトやステージには、プログラムと画像《がぞう》と音《おと》の情報《じょうほう》があり、それぞれの編集画面《へんしゅうがめん》をこのタブできりかえます。

❷ **ブロックパレット** プログラムを作《つく》るには、さまざまな命令《めいれい》を持《も》つブロックをここから選《えら》び、スクリプトエリアにドラッグして使《つか》います。

❸ **スクリプトエリア** このエリアにブロックを並《なら》べてつなぐことで、選択中《せんたくちゅう》のスプライトや背景《はいけい》にプログラムを作《つく》ることができます。

❹ **実行《じっこう》・停止《ていし》ボタン** 実行《じっこう》ボタン（緑《みどり》の旗《はた》）を押《お》すとプログラムが動《うご》き出《だ》し、停止《ていし》ボタン（赤《あか》い丸《まる》）を押《お》すと止《と》まります。

❺ **ステージ** ゲーム画面《がめん》です。

❻ **スプライトリスト** そのプロジェクトで使《つか》っているすべてのスプライトが並《なら》んでいます。

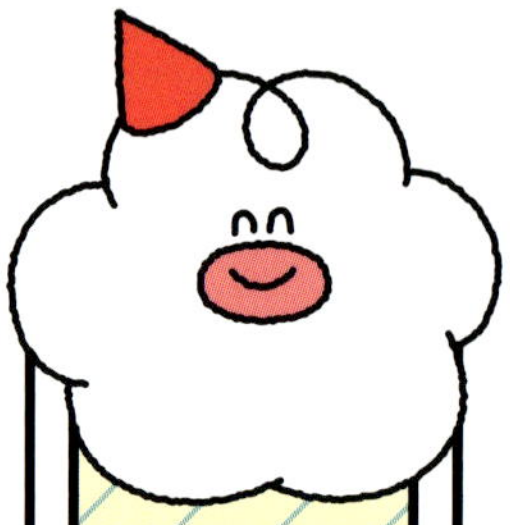

さくいん

あ

か

さ

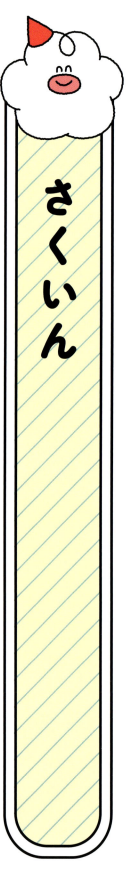

NDC007 特別堅牢製本図書

AIの世界へようこそ 未来を変えるあなたへ

Gakken 2024 104P 25.7cm
ISBN 978-4-05-501429-8 C 8304

美馬《みま》 のゆり

公立はこだて未来大学 教授

専門は学習科学、教育工学、情報工学。博士(学術)。
MITメディアラボおよび
UC Berkeley人間互換人工知能センター客員研究員、
日本科学未来館副館長、NHK 経営委員などを歴任。
代表著作に『理系女子的生き方のススメ』
『未来を創る「プロジェクト学習」のデザイン』
『学習設計マニュアル』など。

編集協力 松本浄
イラスト 若田紗希
デザイン 鈴木千佳子
図　　版 株式会社アート工房
校　　正 株式会社鷗来堂
入澤宣幸
渡辺泰葉
有限会社きんずオフィス
遠藤理恵
企画・編集 中村円香

AIの世界へようこそ
未来を変えるあなたへ

2024年9月5日 第1刷発行

著 美馬のゆり (公立はこだて未来大学システム情報科学部 教授)
発行人 土屋徹
編集人 代田雪絵
編集担当 中村円香、大塚奈生子
発行所 株式会社Gakken
〒141-8416 東京都品川区西五反田2-11-8
DTP 株式会社明昌堂
印刷所 TOPPAN株式会社

●この本に関する各種お問い合わせ先
・本の内容については、下記サイトのお問い合わせフォームよりお願いします。
https://www.corp-gakken.co.jp/contact/
・在庫については Tel 03-6431-1197 (販売部)
・不良品 (落丁、乱丁) については Tel 0570-000577
・学研業務センター 〒354-0045 埼玉県入間郡三芳町上富279-1
・上記以外のお問い合わせは TEL 0570-056-710 (学研グループ総合案内)